6/16/2020
Date:

SP 649.1 MIL
Millet, Eva
Hiperniños : ¿Hijos

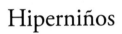

Hiperniños

Hiperniños

¿Hijos perfectos o hipohijos?

Eva Millet

Plataforma
Editorial

Primera edición en esta colección: enero de 2018

© Eva Millet, 2018
© de la presente edición: Plataforma Editorial, 2018

Plataforma Editorial
c/ Muntaner, 269, entlo. 1ª – 08021 Barcelona
Tel.: (+34) 93 494 79 99 – Fax: (+34) 93 419 23 14
www.plataformaeditorial.com
info@plataformaeditorial.com

Depósito legal: B. 30.437-2017
ISBN: 978-84-17114-59-6
IBIC: VS

Printed in Spain – Impreso en España

Diseño de cubierta y fotocomposición:
Grafime

El papel que se ha utilizado para imprimir este libro proviene
de explotaciones forestales controladas, donde se respetan
los valores ecológicos, sociales y el desarrollo sostenible del bosque.

Impresión:
Reinbook Serveis Gràfics
Polinyà (Barcelona)

Índice |

Índice

De la carta al director: «Hiperpaternidad»
El País y *La Vanguardia* (13/10/2016)

«*La hiperpaternidad*, es decir, la sobreprotección de los padres sobre sus hijos, es un hecho en nuestro país. En mi colegio cada vez puedo ver más casos de esta *patología*. A algunos compañeros les cargan con la mochila, a otros les llevan a todas partes en coche. Los padres acaban siendo mayordomos. A esos padres obsesionados con sus hijos: dejadnos resolver solos nuestros problemas, dejadnos tener responsabilidades y dejadnos equivocarnos para aprender de la vida, si no, nunca sabremos valernos por nosotros mismos.»

Ignacio González Ramos. Madrid.

De la entrevista
al escritor Paul Auster de Antonio Lozano
La Vanguardia Magazine (27/08/2017)

«Fui muy afortunado de crecer en un momento en el que el modelo educativo imperante era muy liberal y consistía en que los niños gozaran de abundante tiempo libre para jugar y leer. No nos ponían deberes porque se entendían como un fracaso de la labor docente.

»A esto se añadía que los padres no supervisaban obsesivamente a sus hijos, les concedían libertad. No eran como los padres helicóptero de hoy en día, siempre revoloteando, sobreprotectores y miedosos. Gozabas de un margen de independencia y de resolución de los problemas por tus propios medios que se me antoja crucial para abordar luego los retos de la vida adulta.»

De la columna de Javier Marías titulada
«Generaciones de mastuerzos»
El País Semanal (30/04/2017)

«Tengo un vago recuerdo de una viñeta de Forges que quizá cuente veinte o más años. La escena era algo así: un niño, en una playa, se dispone a cortarle la mano a un bañista dormido con unas enormes tijeras; alguien avisa al padre de la criatura –"Pero mire, impídaselo, haga algo"–, a lo que este responde con convencimiento: "No, que se me frustra".

»Hace veinte o más años ya se había instalado esta manera de "educar" a los críos. De mimarlos hasta la náusea y nunca prohibirles nada; de no reñirlos siquiera para que no se sientan mal ni infelices; de sobreprotegerlos y dejarlos obrar a su antojo; de permitirles vivir en una burbuja en la que sus deseos se cumplen, de hacerles creer que su libertad es total y su voluntad omnipotente o casi; de alejarlos de todo miedo, hasta del instructivo y preparatorio de las ficciones [...]; de malacostumbrarlos a un mundo que nada tiene que ver con el que los aguarda en cuanto salgan del cascarón de la cada vez más prolongada infancia.»

Introducción
De hiperhijos a hiponiños

Podría decirse que mi interés por los hiperhijos empezó gracias a un ascensor. Un ascensor de un centro universitario en Barcelona al que acuden estudiantes estadounidenses. Chicos y chicas mayores de edad, algunos ya en la veintena, dispuestos a pasar unos meses fuera de casa y, teóricamente, sin la supervisión directa de sus padres.

A los empleados de este centro ya casi no les sorprende la falta de autonomía de muchos de sus alumnos, que se acentúa año tras año. Jóvenes de familias de clases media y alta, supuestamente brillantes y preparados, quienes, sin embargo, necesitan –por *default*, casi– la ayuda de un adulto para solucionar sus problemas, por nimios que estos sean.

Hay muchas anécdotas respecto a su disposición a «ahogarse en un vaso de agua». Especialmente, las vinculadas al teléfono de emergencia del que disponen veinticuatro horas al día, siete días a la semana en caso de que les ocurriera eso: una *emergencia*.

Pero, en tiempos de hiperpaternidad, el significado de lo que es urgente abarca un amplio campo: *emergencia* puede ser el hallazgo de un piojo; tener acidez de estómago u olvidarse el móvil en un taxi. Situaciones que, en especial si se dan fuera del horario lectivo, pueden activar la ansiedad y el reflejo: «Llamo al teléfono de emergencia». Así, las personas que están a cargo de este pueden ser despertadas en medio de la noche por un angustiado joven de veinte años que les comunica que tiene «acidez».

–¿Qué puedo hacer? –pregunta, levemente acongojado, tras describirle los síntomas a su interlocutor.

–¿Tienes pastillas contra la acidez? –contesta el paciente empleado del centro universitario tras consultar la hora en el reloj de su mesita de noche: son las tres de la madrugada.

–No lo sé. Fue mi madre quien me hizo el neceser –responde el chico.

–Pues comprueba si te puso pastillas contra la acidez de estómago –indica, todo profesionalidad y paciencia, el sufrido responsable del teléfono de emergencia, quien, en un momento de inspiración, añade–: Y si no te puso, bébete un vaso de leche. Viene a ser lo mismo. La leche quita la acidez.

El joven aquejado de ardor de estómago se queda en silencio durante unos segundos.

–De acuerdo. Miro y, si no encuentro, me beberé un vaso de leche. Gracias y disculpe.

Cuelgan. Al responsable del teléfono de emergencia de esa semana (es una tarea rotatoria, afortunadamente), le cuesta conciliar el sueño. Mientras da vueltas en la cama recuerda la «emergencia» de la noche anterior: un joven que se había olvidado el móvil en el taxi. Lo llamó a las cuatro de la madrugada al borde un ataque de pánico.[1]

—¿Qué hago? *¿Qué hago?* —preguntó.

—¿Se trataba de un taxi de una compañía? —le preguntó su paciente interlocutor.

—Sí... —respondió el joven—. Lo llamé desde la fiesta. Pero he llegado a casa y me he dado cuenta de que no tengo el móvil. ¡Un iPhone! He mandado un WhatsApp desde el taxi durante el camino y lo debo de haber dejado en el asiento.

—Pues llama otra vez a la compañía y pregunta por tu móvil. Seguro que el taxista ya ha informado a alguien.

Ante la simpleza de aquella solución, el joven se quedó sin habla durante unos segundos.

—¡Gracias! —respondió sinceramente—. No se me había ocurrido.

Y colgó.

El responsable del teléfono de emergencia de aquella semana suspiró profundamente. Se incorporó, bebió un vaso de agua y volvió a tumbarse en la cama. Cerró los ojos y trató de dormirse. Afortunadamente, no tardó en sumirse en la siempre agradable sensación previa al sueño, que lo envolvió por completo al cabo de pocos minutos. La paz, sin embargo, duró poco. El teléfono volvió a sonar. Sobresaltado, volvió a despertarse.

---

1. Perder el móvil es uno de los llamados «nuevos miedos» de este siglo, y no solo entre los jóvenes.

—Teléfono de emergencia, dígame– respondió, de nuevo con gran profesionalidad.

— Soy yo otra vez –se escuchó.

—¿Tú?

—Sí, el del móvil en el taxi.

—¿Qué ocurre?

—No, ¡nada! –respondió el joven risueño–. Solo quería comunicarle que ya tengo el móvil. Me lo ha traído el taxista a casa. Cobrándome, claro; pero por lo menos no he tenido que salir y me he ahorrado esa molestia. Era para informarle. ¡Ya tengo mi móvil! –repitió.

—Pues muy bien –acertó a decir el responsable del teléfono de emergencia, la paciencia a punto de acabársele–. Buenas noches.

Y, antes de que el otro pudiera añadir algo más, colgó.

«Acidez de estómago» y «móvil extraviado». El lunes tendría que anotar aquellas dos *emergencias* en la bitácora del teléfono de emergencia. No estaban mal. Casi al nivel de la joven que consideró una emergencia encontrarse un piojo en su cabellera.

Sin embargo, ni los piojos, ni los móviles perdidos ni la acidez de estómago superan la que se considera la «madre de las anécdotas» en el centro universitario. La de la estudiante que, una tarde, se quedó encerrada en el ascensor de este y, en vez de apretar el botón de alarma para alertar de su situación, sacó el teléfono de su bolsillo y llamó a su madre a Florida para contarle lo ocurrido. De inmediato, la madre se hizo cargo de todo: llamó a la sede de la universidad en

Estados Unidos, alertando del trance de su pobre hija. Estados Unidos, a su vez, comunicó el incidente a Barcelona y, finalmente, Barcelona le abrió la puerta a la joven, la cual, a la espera de la actuación de su madre, había permanecido todo ese rato chateando con sus amigas. ¿Apretar el botón de alarma? Ni se le había ocurrido.

* * *

La anécdota del ascensor fue la que, ya hace unos años, me alertó de que algo estaba pasando con nuestros niños y adolescentes. Y no solo con aquellos estudiantes de la primera potencia mundial que venían a Barcelona a pasar unos meses. También entre los niños y los adolescentes de mi entorno. Entre los compañeros de clase de mis hijos –en ese entonces en parvulario y en primaria–. Entre los hijos de algunos de mis amigos y familiares, los hijos de conocidos e, incluso, los hijos de completos desconocidos.

Porque ¿cómo era posible, por ejemplo, que P., de seis años, me atestara un puñetazo en pleno estómago sin razón aparente y su padre, en vez de llamarle la atención, se dirigiera a mí diciéndome: «Es que se ha *cruzado,* el pobre»?

¿Cómo era posible que a E., de cinco años, sus padres le ofrecieran cada noche un abanico de platos –tres primeros y dos segundos– para que ella escogiera lo que le apeteciera para cenar?

¿Cómo era posible que en el grupo de WhatsApp de la clase de mi hijo hubiera una madre que, cada día, preguntara qué deberes tenía su niño para el día siguiente?

¿Cómo era posible que un crío de ocho años interrumpiera continuamente la conversación de los adultos durante una comida sin que ninguno de sus progenitores le dijera nada? ¿Cómo era posible que cada vez más padres y madres hablaran en plural al referirse a sus retoños? («tenemos examen»; «nos han vacunando»; «hemos sacado un sobresaliente», «hemos ganado», «hemos perdido»…).

¿Cómo era posible que una madre, con dos carreras, dejara de dirigirle la palabra a una profesora cuando esta le dijo que su hija tenía una tolerancia cero a la frustración?

¿Cómo era posible que una madre, psicóloga titulada, disimulara mientras el monstruo de su hijo, acompañado de otro amigo monstruoso, se dedicaba a rodear y a escupir a un niño más pequeño en el parque? ¿Y cómo era posible que, cuando quien esto escribe llamara la atención a sendos monstruos, la madre, en vez de darles un toque, se acercara con sonrisa zalamera al niño pequeño y le preguntara qué es lo que había hecho él para provocar a su hijo y a su amigo?

¿Qué estaba pasando?

¿Por qué una joven universitaria era incapaz de apretar el botón de alarma de un ascensor? ¿Por qué cada vez más padres actuaban como auténticos guardaespaldas de los hijos? ¿A qué venía la justificación a ultranza? ¿Y tanta sobreprotección y atención? ¿Cuándo dejaron los niños de ser ocasionalmente tratados como «muebles» –que es lo que proponía mi abuela cuando uno de sus veinte nietos nos poníamos pesaditos– para ser venerados en un «altar» doméstico?

Mi profesión es el periodismo, así que decidí documentarme. Empecé con artículos y libros anglosajones. Especialmente, de Estados Unidos, país de donde parecía venir esta nueva tendencia educativa[2] que, descubrí, se conocía como *overparenting, helicopter-parenting* o *hyper-parenting.* Leer los primeros párrafos de este artículo de Joan Acocella en *The New Yorker* fue toda una revelación:

Todos hemos estado ahí: en el salón de unos amigos que nos han invitado a cenar sin mencionar que la velada incluiría un *show* completo de su hijo de cuatro años.

El niño canta, baila y se come todos los canapés. Cuando tratas de hablar con sus padres, interrumpe. ¿Por qué deberían hablar sus padres contigo, de cosas sobre las cuales él no está interesado, cuando todos podríamos estar hablando de cómo murió su hámster? Sus progenitores coinciden plenamente con él y le piden que explique lo que le ha supuesto emocionalmente el deceso.

Se sirve la cena y el crío es enviado a la cocina. Compadezco a la persona que deba hacerse cargo de él. La casa tiembla con sus gritos. Una vez acabada su cena, retorna junto a los adultos, pleno de energía. Sus padres, de nuevo, le preguntan cómo se siente. Son las diez de la noche. ¿No está cansado? «¡No!», responde. Tú, por tu parte, te sientes completamente exhausta y te encaminas

---

2. Y es que, como escribe el francés Michel Houellebecq en *Las partículas elementales*: «No hay ninguna moda venida de Estados Unidos que no haya logrado inundar Europa occidental unos años más tarde; ninguna».

hacia la puerta, jurándote no tener hijos jamás y, si ya los tienes, jamás visitar a tus nietos. Te limitarás a enviarles dinero.

Escrito a finales de 2008, con el título *The Child Trap: The rise of overparenting (La trampa de los niños: el auge de la hiperpaternidad)*, la periodista señalaba que los conceptos de «malcriar» y «malcriado» se habían quedado cortos ante aquel nuevo estilo de crianza:

«Ahora se la llama "hiperpaternidad" o paternidad helicóptero, "crianza invernadero"»[3] o "crianza monstruosamente intensiva"»,[4] escribe Acocella. «El término ha cambiado porque el patrón ha cambiado. Continúa incluyendo el consentir a los hijos —ni una norma, muchos juguetes—, pero a la crianza se le han añadido dos factores extra, que la complican».

Uno, enumera, es la ansiedad («¿Se traumará de por vida el niño por la muerte de su hámster? ¿Tocó el cuerpo inerte y se contagió?»). El otro es la presión que los padres tienen para que su hijo triunfe. En un mundo cada vez más competitivo, la hiperpaternidad convierte a los hijos en un símbolo de estatus que —como el coche, la casa y el cuerpo— también ha de ser perfecto. Estas ansias de triunfo y de perfección le son debidamente transmitidas al pequeño, pero entran en

3. La «crianza invernadero» *(hothouse parenting)* está vinculada al concepto de la estimulación precoz, que implica fomentar de forma artificial —como se hace con las plantas al ponerlas en un invernadero— los talentos del hijo.
4. *Death grip parenting*, en el original.

claro conflicto con la sobreprotección que también implica este crianza.

Del modelo «mueble» al modelo «altar»

Así que me dediqué a observar, a leer, a entrevistar y a escribir y, en enero de 2016, se publicó en esta editorial *Hiperpaternidad*,[5] que ha sido el primer libro escrito en castellano que analiza este fenómeno.

Describí la hiperpaternidad –en el sentido inclusivo, padres/madres, del término– como una crianza que no solo implica consentir a los hijos sino, también, darles una atención excesiva, ejercida a base de estar siempre encima –de *sobrevolar* sobre ellos–, anticipándose a sus deseos, resolviendo sus problemas por sistema y justificándolos a ultranza.

El hijo, explicaba, se ha puesto en una especie de «altar» doméstico y se le rinde, prácticamente, pleitesía. Una pleitesía también detectada por la antropóloga norteamericana Meredith Small, quien asegura que en un par de generaciones se ha pasado del culto a los antepasados al culto a la descendencia.

Un culto cuyo templo es el hogar, donde las imágenes de los niños han reemplazado sin miramientos a las de aquellos abuelos y bisabuelos a los que, hasta no hace

---

5. Eva Millet, *Hiperpaternidad. Del modelo «mueble» al modelo «altar»*, Plataforma Editorial, 2016.

demasiado, se rendía un discreto homenaje. Hoy los antepasados prácticamente han desaparecido de la iconografía doméstica y el homenaje se les rinde a los hijos, cuyas imágenes y manualidades, en diversos formatos, tachonan de una forma más bien poco discreta las paredes de tantos hogares.

Más habitual entre las clases medias y altas –porque si criar hijos *estándar* ya cuesta tiempo y dinero, criar hiperhijos resulta aún más caro–, la hiperpaternidad es un cóctel con ingredientes como la estimulación precoz, las agendas repletas, la tolerancia cero a la frustración y los enfrentamientos con los maestros o entrenadores que osen cuestionar las maravillas del niño o la niña.

Hipohijos: sobreproteger es desproteger

Aunque ejercida con la mejor intención del mundo, la hiperpaternidad está provocando una sobreprotección a los hijos, con modelos de progenitores como los ya clásicos *padres helicóptero* (que sobrevuelan sin tregua las vidas de sus retoños, pendientes de todos sus deseos y necesidades) y los *padres apisonadora* (quienes allanan el camino, para que no se topen con dificultades).[6]

A ellos se les han añadido nuevas tipologías, como la de los *padres guardaespaldas* (extremadamente susceptibles ante

---

6. En los países de clima frío también se conocen como *padres quitanieves*.

cualquier crítica hacia su prole e, incluso, a que se les toque); las *madres-tigre* (dispuestas a todo con tal de hacer de su hijo el genio que el mundo estaba esperando) y los *padres mánager/madres del artista*: forjadores de los futuros astros del deporte o, en menor medida, estrellas del espectáculo y la industria del *reality-show*.[7] Azuzados por una oferta inacabable de actividades lúdicas, deportivas y educativas, de *gadgets* y «experiencias mágicas» que parece que los hijos han de tener, sí o sí; en la hiperpaternidad padres y madres compiten con otros padres y madres por ver quién tiene el hijo más perfecto o quién es el progenitor más perfecto. Asimismo, cada vez son más numerosos los progenitores convencidos de que, para ser buenos padres, han de estar prácticamente al servicio del hijo.

¿Cómo? Ayudándolos con los deberes por sistema o haciéndoles los deberes por sistema. Cargando con su mochila cuando los recogen del colegio. Sosteniéndoles el bocadillo mientras están en el parque, para cuando el crío se digne a darles un mordisco (los españolísimos *padres-bocadillo*). Justificándolos ciegamente, ejerciendo de secretarios, de mayordomos, de los citados guardaespaldas y/o de sus animadores lúdico-culturales. Se ha confundido la responsabilidad que implica ser padres con la resolución sistemática de todo, *todo*, lo que le acaezca a la criatura.

Paradójicamente, este afán por sobreproteger, porque «no se traume», resulta en la desprotección. La obsesión por el

---

7. Por ejemplo, la todopoderosa Kris Jenner, matriarca del clan Kardashian.

hiperhijo resulta en un hiponiño; un individuo más frágil, más inseguro y dependiente, que carece de una habilidad fundamental para ir por la vida: la autonomía.

Un buen ejemplo para ilustrar este punto lo escuché en una tertulia de directoras de escuela, reunidas en el programa de radio *Lletra Lligada*.[8] Al tratar el tema de la sobreprotección de los niños, una de ellas habló de un nuevo fenómeno: el de los párvulos que se caían en el patio y no se levantaban. Independientemente de la intensidad de la caída, los críos se quedaban en el suelo, inertes, cual bíblicas estatuas de sal, lo que provocaba la lógica alarma de los adultos responsables durante el recreo.

Sin embargo, cuando los profesores acudían a atenderlos, descubrían que los niños no se habían hecho nada realmente. Simplemente, no sabían que eran capaces de levantarse por sí mismos. ¿Por qué? Porque hasta ese momento siempre habían sido *socorridos* por un adulto: por esos padres o madres que, emulando al gran Usain Bolt, ante cualquier tropiezo de sus hijos corrían a la velocidad del rayo para ayudarles a incorporarse de nuevo. Era tal la diligencia de estos adultos que los niños se habían acostumbrado a que alguien los levantara de forma sistemática.

La historia me pareció casi increíble, pero me la han corroborado varias maestras de otras escuelas. Es un ejemplo perfecto de cómo, con la mejor de las intenciones, los padres están evitando que los hijos aprendan algo tan fundamental

8. *Lletra Ligada*; Ràdio 4 (9 de noviembre de 2015).

como el hecho de que cuando uno se cae, uno también es capaz de levantarse... por sí solo.[9]

Un fenómeno con muchas derivadas

La hiperpaternidad no solo se está llevando por delante aspectos tan vitales como la adquisición de autonomía. También está generando niños con muchos miedos e inseguridades pero, a la vez, con la noción de que son el centro del mundo y que tienen muchos derechos pero pocos deberes. Su faceta hiperactiva produce niños con agendas que llamo «de ministro». Criaturas cada vez con menos tiempo para jugar, una actividad que no solo es un patrimonio de la infancia sino uno sus derechos, reconocidos por Naciones Unidas.

Este frenesí provoca asimismo una aversión hacia el aburrimiento, que es un estado hoy tan denostado como necesario de vez en cuando. Porque del aburrimiento, como se explica en este libro, a menudo surge la ansiada creatividad. Es también una espléndida herramienta para ejercitar la tolerancia a la frustración, otra habilidad clave para ir por la vida y de la que hablaré más adelante.

9. Es cierto que, a veces necesitan ayuda, sí. Solo faltaría. Pero todos los que tenemos hijos y los hemos visto caer, sabemos que 99 de cada 100 veces son capaces de levantarse solos; un ejercicio de superación bastante importante. Al fin y al cabo, ponerse de pie fue un eslabón fundamental en la evolución humana: ¿vamos a revertirlo con la sobreprotección?

La hiperpaternidad provoca familias estresadas, en especial, las madres, quienes son las que generalmente coordinan las múltiples actividades de sus hijos y acaban extenuadas. Algunas, como contaré en un capítulo dedicado a la maternidad intensiva, se sienten más infelices. Por otro lado, la presencia de los hiperpadres en los colegios de sus hijos tiene tanto impacto que le dedico dos capítulos: uno sobre cómo debería ser una buena relación entre familia y escuela y otro en el que doy voz a algunos docentes, una figura cada vez más cuestionada en gran parte debido a este modelo sobreprotector imperante.

Hiperniños pretende profundizar en una tendencia educativa que ya se ha convertido en parte de mi vida laboral. Más que en sus características –que fueron ya bien detalladas en el otro libro–, el objetivo aquí es ahondar en sus consecuencias, explicar cómo revertirlas y apuntar cuáles serían las habilidades que realmente necesitan nuestros hijos para avanzar en la vida.

El material con el que he contado es extenso: no solo porque he podido documentarme más, sino también porque he aprendido mucho *in situ*. Desde la publicación de *Hiperpaternidad* he tenido la fortuna de poder dar charlas en escuelas de toda España, de participar en entrevistas y reportajes sobre este tema y de ver cómo se despertaba un interés, diría que entusiasta, ante lo que conté que está pasando con nuestros niños y nuestros jóvenes. Sin olvidar Latinoamérica: en países como Colombia, México y Argentina, he comprobado, por el interés mediático despertado, que los hiperpadres y los hiperhijos también existen y preocupan.

Mi blog educa2.info se ha nutrido con los comentarios de docentes, psicólogos, padres y personas vinculadas al mundo educativo. Además, he tenido la suerte de poder entrevistar, de nuevo, a excelentes profesionales del mundo de la educación y la psicología. Gracias a todos por vuestro tiempo, vuestro sentido común y vuestra sabiduría.

Corriente educativa dominante

Otra ventaja ha sido poder documentarme aún más con libros y artículos del mundo anglosajón, donde la hiperpaternidad nos lleva más de una década de adelanto. He podido hablar con dos especialistas en el tema, que ya cité en el libro anterior: las psicólogas Madeline Levine[10] y Stella O'Malley,[11] quienes desde que escribieran sobre la hiperpaternidad en Estados Unidos e Irlanda, respectivamente, no han parado.

Ambas dan conferencias y tienen mucha presencia mediática, pero siguen escribiendo, investigando y tratando a jóvenes cada vez más ansiosos. Al menos eso fue lo que me

---

10. Madeline Levine publicó en 2006 *El precio del privilegio* (ed. Miguel Ángel Porrúa) y, en 2012, *Teach your Children Well* (HarperCollins).
11. O' Malley es autora de *Cotton Wool Kids* (Mercier Press, 2015) y de *Bully-Proof Kids* (Gill Books, 2017).

contó O'Malley cuando le pedí que me describiera cómo eran los adolescentes que acudían a su consulta:

Lo que veo una y otra vez, especialmente desde que publiqué el libro, son niños y adolescentes que tienen una apariencia muy serena, muy preparada, muy pulida. Se expresan muy bien: es decir, causan una primera impresión muy buena... Pero en su interior son como niños pequeños que dependen de sus padres para que les organicen todo.

En Instagram son como cisnes: todos parecen fabulosos. Pero como psicoterapeuta puedo asegurarte que están absolutamente paralizados por la ansiedad. Una ansiedad que se ha normalizado: muchos de sus amigos la sufren, tienen ataques de pánico. Van de cero a cien en un momento. Cuando están en su cien son fabulosos, pero son muy volátiles. Creo que recientemente se ha normalizado una manera de vivir muy anormal. Los niños y adolescentes no son felices.

Madeline Levine también es de la opinión que la hiperpaternidad no da la felicidad. «La primera en detectarlo fue la doctora Suniya Luthar,[12] quien ha concluido que estos chicos educados en familias con muchos recursos tienen hasta tres veces más ratios de depresión que los adolescentes "nor-

12. Doctora en psicología de la Universidad de Arizona y profesora emérita en Columbia, Luthar se especializó en aspectos como la vulnerabilidad y la resiliencia en diversos capas de la población. Fue pionera en investigar a niños y adolescentes de clases medias y altas, y descubrió que los niveles de malestar en estos segmentos están por encima de la media.

males"» y el doble de niveles de ansiedad. Así que la respuesta es: "Sí, son más infelices"», me aseguró.

Tampoco tiene ninguna duda de que esta crianza se ha convertido en corriente dominante. Ella ha impartido conferencias en centenares de colegios en Estados Unidos y en países como México, Israel, Jordania y Hong Kong y ha podido comprobar *in situ* que los problemas que detectó en su próspera comunidad de San Francisco –ansiedad familiar, obsesión por los resultados y depresión– están presentes en comunidades de todo el país y en muchos lugares del mundo.

Como divulgadora, Levine cree que la parte más difícil que tienen los psicólogos, los educadores y los profesionales de la salud mental es convencer a los padres de que la crianza «híper» no funciona. Para ello, recomienda utilizar la empatía y no señalarlos con el dedo: «Porque los padres actuales están muy perdidos y tienen muchos miedos y aunque dicen "sí, todo esto tiene sentido: tenemos que confiar y dejar ir a los hijos", sufren porque temen que, al hacerlo, al "relajarse", los van a poner en desventaja».

Levine ha cofundado, en colaboración con la Universidad de Stanford, la escuela de padres Challenge Success. El objetivo es proveer a familias y escuelas de herramientas para educar hijos sanos, motivados y capaces de alcanzar, por ellos mismos, su pleno potencial.

Asimismo, se quiere desafiar el concepto de lo que significa el «éxito» en estas familias. Hacer entender a los padres que el mundo no se acaba si el hijo no entra en la universidad con la que soñaban ni se dedica a lo que *ellos* aspiraban. «La idea de que todos los niños son muy "especiales", con altas capacidades, es equivocada. Por supuesto que para los padres sus hijos son muy "especiales", pero no de la manera en la que nosotros pensamos: el grupo de niños académicamente muy talentosos es muy reducido», explica Levine. Ella prefiere trabajar con los «promedios»: «Porque, en general, todos somos "promedio" y tenemos que aceptarlo».

Y es que esta búsqueda de la perfección resulta contraproducente. Primero, porque la perfección es una cualidad escasa, que se da más en la naturaleza que en el ser humano. Y segundo, porque después de la predisposición genética, el afán de perfección es el segundo gran precursor de la depresión.

Por todo ello, hay que apaciguar esas ansias por criar hijos perfectos y apostar por educar *personas*; en el sentido más humanístico de la palabra. No solo es algo mucho más sencillo y posible sino, también, mucho más necesario. La sociedad necesita personas, no seres perfectos. Espero que este libro aporte su grano de arena para conseguirlo.

1.

«Mis papás lo harán por mí»
La sobreprotección y sus consecuencias

Durante los primeros años de primaria, aquella alumna había presentado sus deberes escolares de forma puntual e impecable. Por ello, a su tutora le sorprendió mucho que, en todas aquellas semanas de cuarto curso, no los hubiera entregado ningún día.

–¿Le sucede algo a su hija? –le preguntó la maestra a la madre de la niña.

La había convocado a una reunión porque no entendía lo que estaba pasando. ¿Problemas de salud? ¿Familiares? ¿Algún cambio importante? Confiaba en que la madre le explicaría lo que sucedía.

–No, no sucede nada de eso –respondió la madre mordiéndose el labio inferior. Y tras una pausa algo incómoda, añadió–: es culpa mía.

–¿Culpa suya? –preguntó la maestra sorprendida.

–Sí –asintió la madre–. El problema es que yo ya no llego. No puedo hacerle más los deberes: ha subido el nivel del curso y, además, tengo menos tiempo. Por eso no los entregamos.

Esta es una interpretación libre de una historia real, explicada por una directora de escuela en el programa de radio citado en el capítulo anterior: la de la madre que hizo sistemáticamente los deberes a su hija hasta que ya no pudo más. En ese mismo programa se cuenta el caso de otra madre que le hizo los deberes por su hija hasta segundo de la ESO. Fue entonces cuando le rogó a la tutora que, por favor, convenciera a la ya adolescente de que aquella práctica era una mala idea.

Son dos ejemplos extremos que testimonian algo cada vez más corriente: hacer los deberes con los hijos por sistema e, incluso, hacer los deberes *a* los hijos por sistema. En el siglo XXI, responsabilizarse de las tareas escolares de la prole es una nueva manera de mostrar al mundo que somos buenos padres.[13] Fíjense si no en los políticos, cuando andan en campaña electoral. Si tienen hijos pequeños, el candidato explicará, con una gran sonrisa, que lo primero que hace al llegar a casa es: «Ayudarlos con los deberes».

Por supuesto que, si los hijos necesitan asistencia con sus tareas, nosotros debemos brindársela. Pero asistirles por norma en la que es una de sus principales tareas es un error. ¿Por qué? Pues porque, como dicen psicólogos, maestros, pedagogos y gente con sentido común, al responsabilizarnos nosotros lo que les estamos transmitiendo con ello es un ro-

---

13. Jennifer Senior, en su libro *All Joy and No Fun: The Paradox of Modern Parenthood,* publicado por Harper Collins, señala que hacer los deberes con los hijos se ha convertido en la nueva «cena familiar»: «Es el nuevo centro neurálgico del afecto», escribe.

tundo «tú no puedes». Los estamos debilitando y privando de algo tan básico en la vida como es el proceso de adquisición de autonomía.

Crear personas autónomas es, además, uno de los objetivos de la escuela, por lo que resulta doblemente frustrante que este objetivo se desmonte en casa a través de unas tareas que son precisamente esto: sus deberes.

«Hacerle los deberes al hijo es *pecado* total: haga cualquier cosa, pero no le haga los deberes al chico», recalca Miguel Espeche.[14] Para este psicólogo y autor argentino, la obsesión de los hiperpadres por producir un hijo perfecto y sobresaliente, resolviéndoles cosas como sus tareas escolares: «Genera una gran fragilidad a los chicos». ¿Por qué? Pues porque, al principio, esta sobreatención hace que los hijos se crean los reyes del mundo, pero cuando salen más allá de su entorno: «No tienen los recursos, porque siempre ha habido una especie de "prótesis paterna" que les ha hecho las cosas para que no sufran ningún tipo de frustración».

Con Espeche coincide Cristina Gutiérrez Lestón, directora de La Granja Escuela de Santa Maria de Palautordera, un conocido centro educativo ubicado a las afueras de Barcelona. «Yo añadiría que al hacer los deberes por los hijos lo que también se les está enseñando es una habilidad muy *chula* que es la irresponsabilidad: tú no lo haces pero ya lo haré yo, ¡no te preocupes!» A Cristina, una apasionada de

---

14. *Hiperpadres. La paternidad ¿perfecta?*, Miguel Espeche, *Noticiero Tn* (12 de abril de 2016).

la educación, autora de esta casa[15] y por cuya granja-escuela pasan diez mil niños al año, le preocupan los alarmantes niveles de sobreprotección que percibe desde hace una década y que, afirma, no cesan de aumentar.

Ella entiende esta sobreprotección como el resultado de una sociedad que quiere la felicidad inmediata. «En consecuencia, le hago los deberes a mi hijo para que esté contento, porque probablemente no soporto que sufra o lo pase mal», ilustra. «Pero lo que no entendemos es que lo que estamos haciendo es sobreprotegiéndole y provocándole una infelicidad futura.»

Ser padres es un arte, no una técnica

Ya mencioné en la introducción que la hiperpaternidad requiere ejercer de «padres perfectos»: los más atentos, los más espléndidos, los más beligerantes con todo aquel que ose cuestionar las maravillas de su prole. Los que los llevan al *mejor* colegio, a las *mejores* extraescolares y a los *mejores* viajes, cueste lo que cueste. Los que, en Primaria, corren a traerle el bocadillo o la flauta al cole si el niño se los ha olvidado en casa. Los papás *enrollados* que, en la adolescencia, les falsifican el carné para que puedan entrar en la discoteca sin problemas. Y los que, cuando ya es grandecito, le acompañan al examen de Selectividad y observan, ansiosos, cómo

---

15. Cristina Gutiérrez Lestón, *Entrénalo para la vida,* Plataforma Editorial, 2015.

se desenvuelve en lo que, hasta no hace mucho, era un rito de pasaje de la infancia a la madurez.[16] En la hiperpaternidad los padres ya no son los adultos responsables los que, a base de afecto y firmeza, han de guiar a sus hijos en el camino hacia la edad adulta. No, en la hiperpaternidad, los padres se transforman en los padres *colegas* pero ansiosos, dispuestos a darles todo, *todo*, al niño y a evitar, a toda costa, que «se frustre», aunque ello implique hacerles los deberes a la hija hasta segundo de la ESO. Este afán de la perfección también se traspasa al hijo.

«Bajo el disfraz de "está todo bien, te quiero mucho", hay una gran exigencia», señala Espeche, «y lo que ocurre es que el hijo acaba viviendo no para tener una vida plena, sino para darle gusto a los padres». De este modo, resume: «La paternidad se industrializa o profesionaliza, convirtiéndose el padre o la madre en el CEO, el consejero delegado, de la familia. Se introducen conceptos corporativos en un lugar que es artístico, porque ser padres es un arte, no una técnica».

Y es que un hiperhijo no nace, se hace. Es el resultado de una crianza intensiva, en la que el rol de los padres se ha distorsionado. «Lo que está ocurriendo es que se está malentendien-

---

16. Me remito a la noticia de *El Periódico de Catalunya* titulada «¡Otra vez la maldita catáfora!» (13 de junio de 2017), sobre el examen de Selectividad de ese año y donde se menciona a un nuevo participante del mismo: la madre acompañante. En este caso, Carmen, que mira atentamente a su hija a través de un cristal mientras esta se examina y «ha traído bocadillos, bebidas y varios bolígrafos de sobra, no solamente para ella, también para sus compañeros de clase».

do el sentimiento de amor de padres», concreta la psicóloga Silvia Álava Sordo. Para esta especialista en psicología infantil y autora, entre otros, de *Queremos hijos felices*, (Editorial JDJ), la hiperpaternidad es tendencia porque existe una confusión respecto a cómo hay que amar a los hijos: «El mantra es: "lo quiero tanto, tanto, que no quiero que sufra y, por ello, hago todo por él". Pero lo que tenemos que hacer es darles las herramientas para que no sufra en la vida, no evitarle el sufrimiento metiéndolo en una burbujita. Porque cuando la burbuja explote o cuando no puedas mantenerla ¿qué es lo que va a pasar?», pregunta. «Pues que ese niño no tiene recursos.»

Levine opina que la fórmula de «mis papás lo harán por mí» deriva en lo que llama *accumulating disability*: una incapacitación progresiva de los hijos. «Cada vez que un progenitor interviene de forma innecesaria con un hijo y no le permite que se enfrente a un reto apropiado para su edad, les roban una nueva oportunidad de desarrollar la resiliencia y el aprendizaje de la tolerancia a la frustración», afirma. Porque, si no le dejas que caiga cuando está aprendiendo a caminar o no permites que aprenda a ir en bici por miedo a que caiga ¡nunca sabrá ir en bicicleta! «Y llegará un momento en el que tendrá que hacerlo y es mucho mejor que lo aprendan a los cinco años que a los veinticinco», resume Levine.

Para explicar cómo son los niños hiperasistidos, Espeche pone como analogía la película *El último emperador*:[17] «El

---

17. Filme dirigido por Bernardo Bertolucci, en 1987, que narra la historia de Puyi, el último emperador de China, que ascendió al trono a los tres

príncipe que no podía gobernar: le daban todos los gustos pero en realidad estaba preso». Preso porque, aunque se le rindiera pleitesía diaria, estaba incapacitado para hacer nada por sí mismo.

Su majestad, el príncipe

La figura del «rey de la casa» no es nueva. Como señala la psicóloga y psicoanalista barcelonesa Rosa Godínez: «Hace más de un siglo que Freud habló de la actitud tierna y de la sobreestimación de los padres al niño que gobierna el vínculo afectivo, convirtiéndolo en el centro del mundo, en "su majestad, el príncipe"». El problema, señala, es que en la actualidad la figura del *príncipe* se está normalizando: «Con efectos de angustia, impotencia y desvalimiento de los sujetos implicados en la relación paterno/maternofilial». De nuevo: «Chicos frágiles, que no tienen tolerancia a la frustración y con mucha inseguridad, porque, al hacerles sus padres todo por ellos, no se ven capaces de resolver sus asuntos por ellos mismos».

---

años y fue adorado por 500 millones de personas como divinidad. Después, fue títere de las fuerzas de ocupación japonesas y, tras la Revolución Cultural, acabó sus días como jardinero en Pekín. Lo nombro en mis charlas, cuando hago referencia a los padres-bocadillo, que son la paciente sombra de sus hijos en el parque, con el bocadillo o el táper con la fruta en la mano, esperando a que su retoño se digne a dar un bocado. Creo que Puyi, pese a tener centenares de sirvientes, no disponía de alguien con esa función específica.

Godínez me contactó a través de mi blog, interesada en comentarme casos que atendía en su consulta y que veía como resultado directo de la hiperpaternidad. «Veo que una hiperatención parental provoca una clara indefensión en el niño y el joven a la hora de sostener sus propias cosas: su palabra, sus elecciones, sus modos de resolver dificultades en la escuela, con los amigos y en casa.» La psicóloga recuerda el caso de un chico que, en su infancia, lo tuvo *todo* a su alcance: «Toda la ayuda y una hiperdedicación del padre en deberes, acompañamiento a actividades extraescolares, necesidades, etc. De manera que, con las mejores intenciones, vía el amor, ese padre no dejaba hueco a un vacío desde el cual el niño pudiese pedir, equivocarse y elegir por su propia cuenta».

El chico, durante su infancia, fue un buen niño, buen estudiante. «Su inquietud, no obstante, se manifestaba en un dormir con miedos nocturnos, apareciendo una dificultad diurna a la hora de expresarse en el habla, con un leve tartamudeo nervioso», detalla Godínez.

El joven de hoy es un hombre con una profesión y un buen lazo social, pero con lo que la terapeuta describe como «dificultades sintomáticas» para encontrar la manera de sostenerse por sí solo, de obtener los recursos propios para avanzar en sus elecciones. «Esta es su lucha interna ahora. Aquí tenemos un ejemplo de una posible afectación de este fenómeno de hiperpaternidad», resume esta psicóloga. Godínez quiere matizar, sin embargo, que desde el psicoanálisis se cuenta siempre con la particularidad del sujeto. «Quiero

decir que otro sujeto, su hermano por ejemplo, con una so-
breprotección similar, no responde ni se posiciona igual.» Es cierto, no todos los hijos criados en una misma familia y de una misma manera responden exactamente a unos pa-rámetros concretos. Como ya me explicó el filósofo y peda-gogo Gregorio Luri en mi anterior libro: «Tus hijos son hijos tuyos pero también son hijos de su tiempo, de sus amigos, de mil cosas...». Sin olvidar el factor del azar. Ese «mira qué hijo les ha salido», que se decía antes. «Lo que ocurre es que hoy existe una corriente que nos hace sentir totalmente res-ponsables de los hijos», añade Luri. «Y si solamente nos sin-tiéramos responsables sería magnífico; lo que pasa es que nos sentimos inseguramente responsables y ahí está la patolo-gía.» Porque los padres, hagan lo que hagan, tienen una voz interna que les dice si no hubiera sido mejor hacer lo con-trario: «Ese es el drama de la paternidad moderna», resume.

Los miedos de los padres

Pero ¿de dónde surgen estos miedos, estas ansias de los pa-dres, que se traducen en la sobreprotección? Eva Bach, pe-dagoga y escritora, especialista en adolescentes,[18] considera que una de las principales razones por las que no se «deja ir» a los hijos es porque así suplimos carencias propias. «Pos-

---

18. Es autora, entre otros, de *Adolescentes, «qué maravilla»* y *Educar per esti-mar la vida* (Plataforma Editorial).

tergamos su autonomía para sentirnos útiles, necesitados y reconfortados: tenemos miedo del vacío que nos puede dejar su independencia», explica. Una actitud, en su opinión, errónea: «Porque nuestra vida tiene que tener sentido por sí misma, no podemos hacer responsables a nuestros hijos de ella». Se trata de una responsabilidad demasiado grande que solamente se puede evitar si, como padres, «hemos podido trascender las carencias de nuestro niño o adolescente interior». Solo así, siendo adultos maduros, podremos ser el referente que ellos necesitan para conducir su propia vida.

Pero parece que esta madurez no llega en muchos casos porque el «mis papás lo harán por mí» avanza. Y no solo se circunscribe al ámbito doméstico, con los padres ejerciendo de asistentes personales, secretarios y de mayordomos de los hijos. Los hiperpadres también pueden actuar en el ámbito escolar (enfrentándose con el maestro o maestra que cuestione la *genialidad* o el comportamiento de sus hijos) y en el entorno social de estos, donde es cada vez más habitual que interfieran en las rencillas con los amigos. Sin olvidar el ámbito deportivo, en el que cada vez son más habituales los ya citados padres-mánager, dispuestos a todo con tal de que su hijo triunfe en el deporte que, habitualmente, *ellos* han escogido que practique.

Miguel Espeche da un análisis a esta hiperintervención en la línea del de Eva Bach: «Cuando ves un padre gritándole desaforado al hijo en la cancha, ese padre se está gritando a sí mismo, y cuando va a pelearse con la maestra porque le puso una mala nota al chico, en realidad está peleándose con la maestra de su propia infancia», asegura. Para este especialista, los hiperpadres van, por norma, a pelearse contra el sistema, porque el sistema debe adaptarse al hijo. «Resultado: el hijo está convencido de que no tiene que hacer nada por sí mismo.»

¿Y en qué resulta este convencimiento? «Hay muchísimos estudios y referencias bibliográficas que nos indican que este estilo de educación sobreprotector se correlaciona con diversas patologías, tanto en la infancia como en la adolescencia e, incluso, en la edad adulta», explica Silvia Álava Sordo.

Los trastornos, enumera, pueden ser de tipo *internalizantes*, como depresión, ansiedad y baja autoestima: «Porque la imagen que le damos al niño del mundo es que es un sitio peligroso y tienen que ser papá y mamá los que han de estar aquí para ayudarte», sintetiza esta especialista. «También nos encontramos que son niños que desarrollan menos habilidades: en especial, sociales, porque muchas veces están los papás ahí, resolviéndoles las cosas.» Está también estudiado que desarrollan una menor capacidad de regulación emocional, un menor autocontrol, con los problemas que se pueden derivar de ello.

Incluso, alerta la psicóloga, hay estudios que correlacionan este tipo de crianza con mayores posibilidades de sufrir acoso escolar: «Porque son niños que desarrollan menos recursos y una baja autoestima, lo que hace que puedan ser un blanco fácil de las víctimas».

Hiperhijos y edad adulta

Una de las funciones básicas de la educación es dar recursos a los hijos para que puedan desenvolverse en la vida cuando alcancen la edad adulta. Sin embargo, esta autonomía se está dilatando, lo que provoca que los hiperniños estén accediendo a la universidad sin la preparación necesaria para un lugar donde ya se les considera adultos.

De hecho, en Estados Unidos se empezó a hablar de la hiperpaternidad como fenómeno cuando, a finales de los noventa, la primera hornada de *millennials*[19] aterrizó en la universidad. Fue entonces cuando los asombrados responsables de admisión detectaron la proliferación de los hiperpadres, dispuestos a asistir a sus hijos en todo y más en un lugar donde antes los jóvenes iban por su cuenta.

En España, las adolescencias también se están alargando. En 2013, un estudio de la Universidad Rovira i Virgili de Tarragona concluyó que la madurez psicológica de los jóvenes españoles se alcanza a los veintisiete años. Asimismo, en nuestro país, los hiperhijos están llegando a las universidades.

De ello se hacía eco Mayte Rius en un reportaje[20] titulado «Universitarios poco adultos», publicado en *La Vanguardia*. En el texto, de 2015, la periodista explica cómo los responsables de las universidades españolas detectan actitudes

---

19. La generación nacida en la década de los ochenta del siglo pasado.
20. Mayte Rius, «Universitarios poco adultos», *La Vanguardia* (15 de diciembre de 2015).

sorprendentes entre las nuevas hornadas de estudiantes. Las más destacables: infantilismo, baja tolerancia a la frustración y al esfuerzo y la expectativa de contar, por sistema, con una supervisión externa adulta. «Te piden que les resuelvas todo; me han llegado a preguntar en qué parte de la página web tenían que pinchar para inscribirse en el máster [...] emplean más tiempo en buscar ayuda externa que en intentar resolver el problema», explicaba Cristina Larroy, profesora y directora de la Clínica Universitaria de Psicología de la Complutense de Madrid. «Hay una cierta infantilización entre nuestros estudiantes; cuando nosotros entrábamos en la universidad reivindicábamos que ya eras adulto, y los alumnos de ahora no se consideran adultos. Como mucho se ven como "jóvenes"», añadía el profesor de psicología evolutiva de la Autónoma de Madrid, José Luis Linaza.

El artículo es un buen testimonio de que ya no solo empieza a normalizarse la presencia de progenitores en el examen de Selectividad –con o sin bocadillos y bolígrafos de repuesto–, sino también en las facultades y en los colegios mayores. En las primeras son cada vez más habituales los padres que acuden a los despachos de maestros y catedráticos para reclamar notas de exámenes.

En los colegios mayores, por su parte, hace apenas unos años no conocían a ningún padre de los residentes, mientras que ahora estos vienen a informarse y a comprobar la idoneidad de las instalaciones. «Están tan pendientes y alerta de todo que infantilizan a los hijos», comentaba un responsable de estos centros.

«Algunas voces relacionan estos comportamientos con la "crianza helicóptero", con la sobreprotección que ejercen muchos padres (y la sociedad en general), y que impide a los niños explorar y encontrar su propio camino sin la supervisión de un adulto», escribe Rius. La autora hace hincapié en que, al llegar a la universidad, estos jóvenes se encuentran con que, a diferencia de lo que han hecho sus padres, la vida no rebaja sus niveles de exigencia.

En Estados Unidos ya se va un paso por delante en la cuestión de los hiperniños mayores de edad. Pero en direcciones antagónicas. Por un lado, hay empresas que organizan habitaciones para los padres que acompañan a su hijo cuando van a una entrevista... de trabajo. Por otro, están proliferando los programas para «jóvenes adultos»,[21] destinados a enseñarles habilidades necesarias para desenvolverse como tales.

Como resume Levine, el afán por los resultados académicos ha secuestrado el discurso: en la crianza hiperasistida y sobreprotectora no hay espacio para el desarrollo de tareas normales. Como resultado, lo que vemos son hombres y mujeres de veinticinco años que no saben hacerse una cama, prepararse una comida o mantener una relación sentimental y que tienen que acudir a academias para aprender a hacerlo.

---

21. The Adulting School, en Maine, está dedicada a todos aquellos adultos que quieran aprender a... ser adultos. Una de sus fundadoras, la psicoterapeuta Rachel Weinstein, tuvo esta idea de negocio al detectar en su consulta los problemas que sus pacientes tenían para lidiar con el paso hacia la madurez. Las materias que se imparten van desde la contabilidad básica hasta explicar cómo se dobla una sábana.

Conclusiones

- Atender y preocuparse por los hijos es parte esencial en nuestra tarea como padres, por supuesto, pero en la hiperpaternidad, esta preocupación alcanza unas elevadas cotas, confundiéndose en ocasiones la atención con el servilismo, con hacer todo por los hijos sistemáticamente.

- Los hijos acaban entendiendo este constante «mis papás lo harán por mí» como una falta de confianza en sus capacidades. Una desconfianza con efecto bumerán, porque al entender que los padres no confían en ellos, dejan de confiar en sí mismos.

- Sobreproteger es desproteger. Crea niños dependientes: «Y lo que ocurre es que primero dependen de los padres pero, luego, de los amigos, y luego del novio o la novia y luego del marido o la mujer... La dependencia hace que uno no pueda estar bien por uno mismo», recalca Cristina Gutiérrez Lestón.

- Para «dejar ir» a los hijos se requiere generosidad y una vida propia. Solo si hemos sido capaces de transformar nuestras frustraciones y carencias, podremos ser el referente adulto, con madurez emocional, que necesitan. «La vida propia nos salva, a nosotros y a nuestros hijos: les otorga el pasaporte para su autonomía y libertad», insiste Eva Bach.

- Como indica Madeline Levine: «El mundo ha cambiado pero las tareas fundamentales que implica crecer (como autorregularse, dormir, hacer amigos, conocerse a uno mismo...) son las mismas». Por ello, la educación también debe incluir conocimientos no académicos, como la gestión de las emociones, y también, prácticos, como recuperar el aprendizaje de las denostadas pero necesarias tareas domésticas.

2.
Generación «blandita»
La baja tolerancia a la frustración

La hiperpaternidad ha dado pie a dos llamativos términos para referirse a las nuevas generaciones. Uno es anglosajón. El otro, latino.

El primero es el concepto *Snowflake Generation* o «Generación copo de nieve» que, según Wikipedia, se refiere «a los niños criados con una excesiva protección, lo que les hace adquirir un sentido exagerado de ser únicos: de "ser especiales"».

Esta acepción no existe solamente en esta célebre enciclopedia virtual: en 2016, el diccionario Collins consideró la «Generación copo de nieve» como uno de los conceptos del año. La define como la de «los jóvenes adultos de la década de 2010 que son menos resilientes y más propensos a ofenderse que las generaciones previas».

En términos similares se expresó el *Financial Times,* diario que incluyó este nuevo concepto en su lista *The Year in a Word* ('el año en una palabra') de 2016. Para este periódico, la *Snowflake Generation* es un término derogatorio, que se aplica a alguien «demasiado vulnerable para lidiar emocionalmente con puntos de vista que desafían a los suyos propios». El *Financial* destacaba la presencia de estos jóvenes de «piel fina» en las universidades y en otros foros, antes conocidos por sus «sólidos debates», pero donde cada vez son más numerosos los estudiantes *ofendidos* cuando escuchan puntos de vista diferentes a los suyos.

El escritor Javier Marías se hizo eco del fenómeno en su columna de *El País Semanal*.[22] Bajo el título «Tiranía de los pusilánimes», el autor relacionaba el aumento de personas con la piel demasiado fina con la sobreprotección actual: «En contra de la tendencia de la humanidad [...] que consistía en educar a los niños con la seguridad de que un día serían adultos y tendrían que incorporarse a la sociedad plenamente», escribe, «en las últimas décadas no solo se ha abandonado ese objetivo y esa visión de futuro, sino que se ha procurado infantilizar a todo el mundo, incluidos ancianos; o, si se prefiere, prolongar la niñez de los individuos indefinidamente y convertirlos así en menores de edad permanentes».

En España empezó a hablarse de los «niños blanditos» en 2017. El término apareció en un artículo de *El Mundo*, titulado «Niños mimados, adultos débiles»,[23] en el que se citaba mi libro, *Hiperpaternidad*. En las primeras líneas del texto, su autora, Berta González de Vega, describía la siguiente «suma escolar»:

22. «Tiranía de los pusilánimes» (28 de junio de 2015).
23. Berta González de Vega, «Niños mimados, adultos débiles: llega la 'generación blandita'», – *El Mundo* (11 de enero de 2017).

Padres que llevan la mochila al niño hasta la puerta del colegio + padres que piden que no se premie a los mejores de la clase porque los demás pueden traumatizarse + padres que le hacen los deberes a los niños que previamente han consultado en los grupos de WhatsApp = a niños blanditos, hiperprotegidos y poco resolutivos.

El reportaje reivindicaba una vuelta a «la educación del carácter», que no es lo mismo, especificaba, que la educación en valores. «El carácter se entiende como echarle valor, coraje. Actuar en consecuencia cuando se sabe lo que está bien o está mal, no limitarse a indignarse.» De indignación hay mucha, escribía. De hecho, como apuntaba Gregorio Luri en el texto: «Ahora mismo en España les fomentamos la náusea en lugar del apetito». Es decir, se enseña a los niños cuándo se tienen que sentir mal y a reivindicar este malestar ante determinadas conductas, pero no se les educa para pasar a la acción y detenerlas. Para reaccionar ante ellas.

Los niños *blanditos* son un producto del mundo más desarrollado. En Suecia, epítome del estado de bienestar, también existen voces que alertan de generaciones frágiles, acostumbradas a la queja, fruto de una crianza sobreprotectora. Una de las principales es la del psiquiatra David Eberhard, quien durante varios años fue el jefe de la unidad de psiquiatría de uno de los hospitales más importantes de Estocolmo. Eberhard estaba especializado en casos «agudos», pero pronto empezó a llamarle la atención un patrón: cada vez más gente, en especial, la más joven, acudía a buscar ayuda por problemas cada vez más sutiles: «Como "mi jefe es tonto" o "mi perro se ha muerto", explicó en un artículo en el periódico *Dagens Nyheter* en 2005.

Como profesional de la salud mental, Eberhard comprendía que estos problemas podían afectar a quienes los padecían, sí: «Pero observé que no eran proporcionales a las medidas médicas que se tomaban», señaló en una entrevista en el *Nordic Journal of Psychiatry*. Así que empezó a preguntarse qué estaba pasando en la sociedad sueca, que es una sociedad esencialmente segura.

Llegó a la conclusión de que, cuando las autoridades exageran los riesgos y los regulan con leyes, se provoca un efecto paradójico: aumentan la ansiedad y la alarma social. Porque con el fin de intentar prohibir lo que no es peligroso: «La gente no está expuesta al riesgo en dosis adecuadas y, en consecuencia, no va a ser capaz de desarrollar estrategias de superación para manejar los retos cotidianos».

Los niños a los que nunca se les dijo no

A este especialista también le sorprendía cada vez más la capacidad de la ciudadanía de sentirse «agraviada» —un rasgo clave de la *Snowflake Generation*—, viviendo en una de las sociedades más desarrolladas y con mayor justicia social del mundo. Pronto, Eberhard detectó asimismo que en la sociedad sueca no existe la conexión entre sentirse ofendido (la «náusea» que mencionaba Luri) y actuar para remediarlo.

«No lo podemos hacer. Vamos a las autoridades y buscamos justicia. La gente se comporta como víctimas; se ofenden por todo. Necesitan un *ombudsman*, un defensor, que los cuide. No actúan.»

A partir de estas observaciones, Eberhard escribió dos libros[24] sobre la adicción a la seguridad y la tendencia a sentirse ofendidos, que fueron sendos superventas. Siguió estudiando el fenómeno de los pusilánimes y pronto se encontró con un nuevo campo (o la raíz del problema); la crianza sobreprotectora, que es la estándar en la sociedad de su país. De ahí surgió otro libro, escrito en 2013: *Hur barnen tog makten*, que podría traducirse por «Cómo los niños han tomado el mando».

La tesis del libro es que, en Suecia, tras más de tres décadas de ejercer una crianza del tipo democrático-permisivo, la educación es… un desastre. Los padres, denuncia, se han equivocado al pretender ser «amigos», que no padres, de su prole y, en especial, al no ponerles límites mientras crecían.

Desde que en 1979 se prohibió el castigo físico a los pequeños (algo con lo que el autor está de acuerdo; el castigo físico, en Suecia y en todas partes del mundo, es horrible), Eberhard considera que se ha ido al otro extremo: a la permisividad. «Hemos pasado de que no se permita castigarlos

24. No traducidos del sueco. El título del primero podría traducirse como *En la tierra de los adictos a la seguridad*. El segundo: *En el país de los ofendidos a nadie le importa el otro*.

físicamente a que no se permita el decirles *nada* que les pueda contrariar, lo que no es lo mismo.»

Este psiquiatra, que es padre de seis hijos, lamenta que en su país se haya llegado hasta el punto de que cualquier forma de intervención por parte del adulto sea considerada como un tipo de abuso hacia el niño. «Los llamados "expertos en educación" consideran que con los niños ha de negociarse, no aplicar consecuencias. Han confundido el concepto de ser padres y han dejado que los hijos tomen el mando en las familias. En consecuencia, los niños tienen el poder para decidirlo todo», resume.

Todo este *background*, este hacer a los críos el centro absoluto de las casas y esta sobreprotección, produce, según el psiquiatra, jóvenes poco preparados para la vida adulta. Sus expectativas son demasiado altas y la vida es demasiado dura para ellos. Eberhard asegura que el aumento dramático de trastornos de ansiedad y casos de autolesiones entre los adolescentes de su país (lo califica de epidemia), además del declive en los índices internacionales de resultados académicos (como el informe PISA), son resultado de esta tendencia educativa imperante.

Lamenta, asimismo, que los adultos hoy tiendan a excusar a los niños por sistema, con frases como: «Son niños, ya podrán cuando crezcan». Él considera que los niños no son tan frágiles como se cree, que los niños, pueden.[25] «Pero si

---

25. En esta entrevista con el periodista Michael Cross, en YouTube (https://www.youtube.com/watch?v=6xbsVLL5rqU), Eberhard pone como ejem-

les consentimos, los justificamos y les solucionamos todo, el problema es que, cuando lleguen a adolescentes y la vida se complique, nos lo reprocharán. No digo que se tenga que hacer lo que dijo Nietzsche, "Lo que no mata, nos hace más fuertes", pero nos hemos pasado.»

No sé qué diría este psiquiatra sueco si escuchara una frase muy habitual en estos lares: la cada vez más manida «es que tiene una baja tolerancia a la frustración», que el hiperpadre esgrime como excusa ante cualquier mal comportamiento o fallo del hiperhijo.

La baja tolerancia a la frustración

La palabra *frustración*, proviene del latín *frustratio*, que significa «intento malogrado». «Es una emoción o sentimiento que aparece cuando no conseguimos lo que pretendemos o deseamos y nos consideramos responsables de ello», define Cristina Gutiérrez Lestón en su utilísimo *Emocuaderno*.[26]

---

plo a su hijo pequeño, quien con dos años y medio es capaz de «dar las gracias y saludar a la gente dándoles la mano» y ayudar a vaciar el lavaplatos. «Educar no consiste en pedirles a los hijos cosas extraordinarias, sino cosas ordinarias, que nos harán la vida a todos más agradable», dice. Tanto él como su mujer tienen muy claro que a los hijos hay que pedirles responsabilidades desde que son pequeños. Ello no implica ser «malo»: «Puedes ser un padre muy agradable pero ser exigente: "estas son las normas que se ponen en esta casa y vosotros debéis ayudarnos a mantenerlas"».

26. Cristina Gutiérrez Lestón, *Emocuaderno: educación emocional en casa*, Editorial Salvatella, 2017.

Como consecuencia, provoca una tensión emocional: tristeza, rechazo, desánimo y baja autoestima.

Todos la hemos vivido, la frustración: es algo de nuestro día a día, por lo que aprender a tolerarla, a superarla, es importantísimo. Sin embargo, en la hiperpaternidad, la idea de enseñar a los hijos a tolerar la frustración es casi un tabú. Y la «baja tolerancia a la frustración» se esgrime como si fuera una enfermedad crónica, irreversible, contra la que nada puede hacerse.

El crío llora, grita, se enfada, tira el puzle que estaba tratando de hacer o se desespera por los deberes que no puede completar. Patalea, escupe y monta un pollo, pero los padres se limitan a suspirar y decir: «Es que tiene una baja tolerancia a la frustración, el pobre». Como si nada pudiera hacerse para gestionarla.

De hecho, parece que la baja tolerancia a la frustración se esté incentivando en la sociedad. Como ejemplo, tomo prestado del blog *Actualidad y Psicoanálisis*,[27] de las psicólogas Marián Molina y Ana Mayol, la siguiente descripción de una fiesta de fin de curso de un colegio de Madrid:

Habían organizado diferentes concursos, uno de baile, donde se pueden apuntar los niños de primaria y ESO, y uno de tartas, donde participaban familias o grupos de niños.

Una madre nos contó cómo sus hijos se habían organizado en grupos o parejas con amigos para hacer una tarta, cómo la habían

27. www.actualidadypsicoanalisis.com

decorado y finalmente terminado para entregarla al día siguiente, con mayor o menor tino. La mañana de la fiesta la llevaron y, para su sorpresa, los que recogían las tartas metían en un saco el papel donde figuraba el nombre de los participantes y la tarta, sin identificar, iba a otro lado. La madre, inocentemente, preguntó cómo iban a saber quién era el ganador y la respuesta fue: «Se sortea entre las papeletas de los participantes».

Lo mismo pasó con el concurso de baile. Para concursar había que organizarse en grupos, con un máximo de participantes, con todo lo que conlleva para los niños la negociación de no ser aceptado en un grupo, de tenerse que poner de acuerdo en el tipo de baile, la música… Y para los profesores, que en muchos casos tienen que mediar cuando hay conflicto. Claramente había grupos que se notaba que habían ensayado más, que se habían esforzado más, que se les daba mejor. Pero ¡otra vez! el grupo ganador era por sorteo. Bailaban, y después «una mano amiga» elegía un papel y salía el ganador.

Antes había un jurado, pero ante las quejas de los padres de favoritismos y amañamiento, la dirección del centro decidió cortar por lo sano y así nació el sistema del sorteo. Una madre comentó un poco avergonzada que ella se había quejado de que siempre ganaba la misma niña, pero también dijo que nunca esperó esta respuesta.

Para ambas terapeutas, este tipo de iniciativas (que también se ven en competiciones deportivas, con la moda de las «medallas para todos») reflejan, por un lado: «Que el centro escolar no tiene la autoridad suficiente para gestionar los conflictos». Asimismo, el mensaje que se da a los alumnos es que el resultado no depende del esfuerzo sino de la suerte. «Parece que nos estamos olvidando de que el esfuerzo hay que recompensarlo. Que no todos tenemos las mismas capacidades y que cada uno tenemos facilidad para cosas diferentes», alertan.

¿Adultos con baja tolerancia a la frustración?

A ambas les preocupa esta tendencia actual de criar niños y adolescentes exigentes respecto a sus deseos pero con baja tolerancia a la frustración. Sin embargo, no detectan por parte de los padres intenciones de cambio en este sentido. Por ello, se preguntan si «¿no será que somos una generación de adultos con baja tolerancia a la frustración?».

Creo que dan en el clavo. En muchas ocasiones, ese afán por evitar cualquier frustración del hijo está relacionado con la propia baja tolerancia a la frustración y las ansiedades de los padres. También, intuyo que tiene algo que ver con el *esfuerzo* que implica educar: y es que, a corto plazo, con los niños, es más fácil decir «sí» a todo que «no».

Sin olvidar la posibilidad de un componente narcisista, en un modelo educativo en el que el hijo se ha convertido en otro símbolo de estatus. De hecho, el psicólogo Miguel Espeche apunta que la aversión que sienten los padres hacia la frustración del hijo existe porque esta frustración se considera un sinónimo de su fracaso como tales. «En este sentido, la idea de hiperpaternidad es muy narcisista: los padres se sienten como si tuvieran un tribunal que los está enjuiciando de acuerdo a patrones.» Y son unos patrones, recalca, «que no tienen que ver con que el hijo sienta amor, que tenga una vida feliz, que se equivoque», sino que los juzga por su capacidad de hiperasistirlos y sobreprotegerlos.

Otro aspecto clave en esta aversión a la frustración lo apunta la psicóloga y psicoanalista Rosa Godínez, quien cree que «el adulto no puede soportar lo insoportable: ver al hijo llorar y sufrir les hace sufrir». Godínez añade que el ser humano, por estructura: «Tiene horror a todo aquello que no va. A la carencia, al error, a las piezas sueltas que no encajan, a cuestiones que forman parte del inconsciente del sujeto». En consecuencia, tampoco consiente al sufrimiento por algo que no sabe ni quiere saber. Esta estrategia de evitación «implica que se dejan interrumpidas las cuestiones que ya toca plantearse, como la separación lógica de los padres, las relaciones con los otros, su deseo, sus satisfacciones...».

A corto plazo parece más fácil tolerar o soportar la baja tolerancia a la frustración de los hijos que lo contrario. ¿Que se enfada porque no puede con el puzle o el Lego? Pues no te preocupes, que papá o mamá te lo harán (¡o ya te lo darán hecho!).[28] ¿No quiere ir al colegio hoy? Pues que no vaya.

28. Cada vez más habitual y otra forma de demostrar el amor de padre. Y si es públicamente, mejor: como el futbolista David Beckham, quien vía Instagram mostró a sus millones de seguidores cómo había montado un

¿Tampoco se apaña con los deberes? Yo se los hago. ¿Que se niega en redondo a saludar a su abuela o a dar las gracias? Pues que no las dé, ni salude, el pobre, ya lo hará cuando crezca… La lista es larga, pero ralentizar una cuestión tan vital como es gestionar la frustración es un error. Cuanto antes se entrene, mejor. Es una habilidad fundamental para la vida. Y no es cuestión de machacar a los críos ni de crear gente sumisa ni mucho menos masoquista, sino de ayudarles a desarrollar una tolerancia a los obstáculos que inevitablemente se presentarán, y de incentivar aspectos tan importantes como son el autocontrol, la capacidad de esfuerzo y la voluntad.

Cristina Gutiérrez Lestón sabe mucho de niños que nunca se han frustrado, que siempre han conseguido lo que quieren. «En La Granja hemos tenido que hacer "el circuito de la frustración" porque aproximadamente un 20 % de niños que vienen no se han frustrado nunca. Nos pagan a nosotros para que los frustremos. ¡Absurdo pero real!»

Aprender a tolerar la frustración, asegura esta educadora, requiere paciencia. Tanto por parte de los hijos como de

---

castillo Disney para su hija de seis años: «4.080 piezas, 490 páginas de instrucciones… ¡Estoy tan emocionado!», escribió bajo una foto en la que se le veía mirando atentamente el prospecto. Una semana después, colgó una nueva imagen, junto al castillo acabado: «¡Conseguido! Alguien va a tener una agradable sorpresa mañana», escribió. La noticia se publicó en *Hello!*, donde se aseguraba que «Tras haberse construido una reputación de padre devoto, David Beckham la ha llevado a cotas aún más altas al montar un castillo para su *pequeña princesa*, Harper». *Hello!* no mencionaba que el objetivo pedagógico de juguetes como Lego es que sean los niños quienes lo monten, no los *devotos* padres.

los padres. Pero es un esfuerzo que vale la pena: «Tolerar la frustración sirve para superar los obstáculos con inteligencia y determinación, te autoriza a perseguir tus sueños, te da energía para no tener miedo al fracaso ni a los errores. Te ayuda a sentirte seguro y potencia la valentía».

Herramientas para entrenar la baja tolerancia a la frustración

- **La paciencia:** «la capacidad de esperar con calma es la principal habilidad para tolerar la frustración», asegura Cristina Gutiérrez Lestón. La paciencia nos permitirá aprender a esperar y a volver a intentar. No enfadarnos a la primera de cambio ni abandonar el juego, la tarea o la actividad.
- **Las emociones:** los niños han de ser conscientes de que las emociones no son siempre guais. Hay que aprender a convivir también con las desagradables, como la rabia, la tristeza o el miedo a equivocarse. Como padres hemos de enseñarles a gestionarlas, explicarles por qué las experimentan y darles trucos (respirar, volver a probar, tener paciencia, escribir lo que uno siente) para gestionarlas.
- **Dar alternativas a la frustración:** no todo es contención o desahogo. Como explica la psicóloga Leticia Escario, también podemos educar a que el niño sea más tolerante a la frustración dándole alternativas. Ofreciéndole una salida a una vivencia frustrante. Por ejemplo: «No, ahora no podemos ir a este sitio pero iremos mañana». Eso re-

quiere tanto imaginación como paciencia y compromiso por parte de los padres.

- **Perder el miedo a equivocarse:** vivimos en una sociedad que no tolera el fracaso: se confunde haber fallado con ser un fracasado. Pero en la vida éxito y fracaso suelen alternarse e, incluso, convivir. «Lo intentaste. Fracasaste. Da igual. Prueba otra vez. Fracasa otra vez. Fracasa mejor», dijo Samuel Beckett.

- **Jugar:** el juego infantil es una herramienta buenísima para aprender a gestionar la frustración. En el juego se gana, se pierde, se trabaja en equipo, se ríe y, a veces, se llora. Es la forma de vida de los niños y, por eso, en tiempos en los que los niños juegan cada vez menos, esta actividad debe ser respetada e incentivada.

3.
La familia... ¿es una democracia?
La importancia de los límites

Hay un tipo de familia que, en los últimos años, ha crecido como la espuma. Es el modelo de familia que gusta autodenominarse «democrática».

Las familias de este tipo están basadas en la ausencia de jerarquías. La autoridad –especialmente la paterna– desaparece. Los padres tienden a jugar un rol de cómplice y la opinión de los hijos, por pequeños que estos sean, tiene el mismo peso que la suya.

En general, estas familias están formadas por progenitores con estudios superiores, quienes antes de formar una familia practicaban un estilo de pareja paritario, tanto en la distribución de las tareas del hogar como desde el punto de vista económico.

La idea de «familia democrática» es atractiva. Especialmente en una época en la que la autoridad está mal vista, ya que tiende a confundirse con el autoritarismo. Una época, asimismo, de individualismos feroces, en la que se educa más en los derechos que en los deberes. Tenemos derecho a montar fiestas aunque le molesten al vecino, a expresarnos como y cuando nos dé la gana, a decidirlo todo... Por ello, la autoridad, el «no», se ve casi como una forma de violencia.

En un entorno así: ¿cómo vamos a *imponer* algo a nuestros hijos? Decirles, por ejemplo, lo que han de comer, a qué hora deben acostarse. O decidir, nosotros, *los padres*, dónde vamos de vacaciones, lo que han de ponerse esa mañana o a qué escuela van a ir.[29] ¡Que elijan ellos! Al fin y al cabo, somos padres modernos, no autoritarios y respetuosos (la moda de la llamada *crianza respetuosa*, como hablaré más adelante, también tiene mucho que ver con el auge de este modelo familiar). Como tales, nuestro objetivo es formar un hogar donde todos seamos iguales; en el que no haya conflicto.

El conflicto, sin embargo, se da. Y no solo porque este es algo inherente en toda familia, sino porque, en familias en las que no hay una jerarquía, el conflicto aún es mayor. ¿Las razones? La familia «democrática» se transforma en una familia «democrática permisiva», con la ristra de consecuencias que ello conlleva.

Están explicadas en el ensayo *Modelos de familia*,[30] de los terapeutas Giorgio Nardone, Emanuella Giannotti y Rita Rocchi, quienes diseccionan muy bien esta tipología en alza. En estas familias, escriben: «Las cosas se hacen por conven-

---

29. Caso real, en la localidad de Banyoles, Girona: padres, autodenominados democráticos, que preguntan todo a los hijos por sistema. Incluido: ¿A qué escuela –primaria– quieres ir? Resultado: los tres hijos van cada uno a una escuela diferente.
30. Giorgio Nardone, Emanuella Giannotti y Rita Rocchi, *Modelos de familia*, Herder Editorial, 2003.

cimiento y consenso, no por imposición». «Las reglas se pactan.» «Todos tienen los mismos derechos.» La finalidad principal que se persigue es la armonía, la ausencia de conflictos.

Todo muy flexible y *democrático*, pero en apariencia. Porque, en realidad, implementar un modelo familiar de este tipo, donde no existen jerarquías y la autoridad de los padres ni está ni se la espera, acaba en la mayoría de los casos en la sumisión: de los padres hacia los hijos. Esta voluntad de «no imponer» nada a la prole en pro de salvaguardar la paz familiar se traduce en la idea de que las reglas, en caso de que existan, no se cumplen. El poder acaba entregándose a los hijos. ¡Y no digamos ya si estos son mayoría![31]

Los terapeutas explican que, cuando se entrevé un conflicto, un litigio, en este tipo de familias: «El acuerdo se busca a cualquier precio en nombre de la armonía pero es justamente en este momento cuando la flexibilidad puede transformarse en sumisión». Los padres, sencillamente, se rinden. Entregan la autoridad a quien no le corresponde. Y, como si no tuviera nada que ver con ellos, acaban profiriendo una frase cada vez más habitual estos días: «¡En casa mandan nuestros hijos!». Como si una fuerza sobrenatural

---

31. Ya lo dijo el periodista Carles Capdevila, padre de cuatro hijos, en su ponencia *Educar con humor* para la plataforma Gestionando hijos: «En casa suprimimos la democracia porque un día votamos y ganaron ellos cuatro. Acabada la votación, la impugnamos y decidimos que estábamos en un momento de crisis y que hacía falta un gobierno fuerte, formado por dos tecnócratas, y que ellos, cuando fuesen mayores, ya decidirían» (https://www.youtube.com/watch?v=dd_z-pnGKaU).

hubiera decretado esa jerarquía invertida, como si no tuviera nada que ver con ellos.

Unos hijos que, advierten Nardone, Giannotti y Rocchi, tienen muchas opciones de convertirse en «pequeños tiranos». «Es uno de estos casos clarísimos en los que "la mejor intención" –en este caso la salvaguardia de la democracia– produce una consecuencia opuesta», aseguran.

¿A quién le toca decidir?

La ausencia de las jerarquías y normas, típica de la familia democrático-permisiva, se materializa en una constante *consulta* a los hijos. Con preguntas tipo ¿qué quieres cenar?; ¿dónde vamos de vacaciones?; ¿quieres hacer los deberes?… Un bombardeo de cuestiones que no solo crea una confusión en los roles sino que, también, responsabiliza a los hijos de cosas que a ellos no les toca decidir.

El terapeuta y escritor Saïd El Kadaoui considera que este traspaso de responsabilidades hacia el niño: «Tiene componentes muy perversos, porque los pones en un océano. Es cargarle de una responsabilidad demasiado grande.»[32] ¿Por qué? Porque, en la democracia, las reglas se discuten entre iguales y, aunque los niños son muy listos, todavía no están capacitados para decidir según qué cosas.

Además, tampoco les corresponde. Los responsables so-

---

32. XII Fòrum Interxarxes, Barcelona (20 de octubre de 2017).

mos los adultos: quienes hemos decidido traerlos a este mundo para criarlos de acuerdo a unas normas y conocimientos que nosotros tenemos. Somos *nosotros* quienes debemos dirigir y orientar su bienestar fisiológico y psicológico.

Los autores de *Modelos de familia* hablan de otras consecuencias de esta rendición de los padres: una constante fluctuación de transformación de las reglas, así como el peligro de incentivar la prepotencia de los hijos y los comportamientos agresivos. Sin olvidar que «pese a la repetida afirmación teórica de que "la ley es igual para todos", no se les impone ninguna prestación que se relacione con el desarrollo de las tareas domésticas» (es decir, no ayudan en casa).

A menudo, cuando hablo de este fenómeno en alguna charla, alguien comenta que este modelo de familia «democrático-permisiva» puede ser una reacción a los cuarenta años de dictadura franquista que vivió España. Lo cierto es que, afortunadamente, en la historia reciente de nuestro país los años de democracia ya superan a los vividos en dictadura. Por otro lado, como vimos en el capítulo anterior, este tipo de crianza impera en una de las democracias más sólidas del mundo, Suecia. Así que la influencia de un régimen político determinado no tendría demasiada correlación.

Para el psiquiatra David Eberhard, el auge de la familia democrática en su país tiene que ver con las teorías educativas imperantes que, señala: «Están más basadas en la ideología que en la ciencia». Destaca la enorme influencia en Suecia del terapeuta danés Jesper Juul, uno de los padres de la corriente de la crianza no autoritaria. Juul es el autor del superventas *Su hijo, una persona competente*, publicado por Herder, donde desarrolla la tesis de que los padres, en lugar de apoyarse en el uso de «la fuerza autoritaria» o la «tiranía democrática», han de optar por fomentar «un clima de igual dignidad y reciprocidad» en el trato entre ellos y sus hijos.

Para Juul, los niños, desde su nacimiento, son personas perfectamente capaces de expresar sus sentimientos y necesidades. En consecuencia: «Son los padres los que deben trabajar para escuchar los mensajes explícitos e implícitos que les transmiten sus hijos, tomarlos en serio y aprender de ellos». En otras palabras: los niños son los que dirigen.

Curiosamente, las teorías de Juul no han tenido tanto impacto en Finlandia, un país modélico en su trato a los niños y que, año tras año, lidera los informes PISA de educación. «En Finlandia se practica una crianza más "conservadora" y se ha conseguido una educación más humanística, pero sin perder la exigencia», comenta Eberhard. Suecia, mientras tanto, puntúa cada vez más bajo en PISA: «A excepción de ámbitos como sobreestimar el talento de cada uno, el absentismo escolar y el grafiti en los patios», ironiza.

El psiquiatra cree que la «cultura de *rock and roll*» que impera en su país está teniendo un enorme impacto en la forma en que se comportan los niños. Y aunque sabe que está pasado de moda, reivindica revalorizar el concepto de respeto hacia los padres. «Tu hijo debería respetarte, honrarte y cuidarte cuando envejezcas, lo que no está sucediendo en Suecia. Esto probablemente indica que el modo en el que estamos criando a los hijos, optando por la permisividad, no es el mejor.»

Para acabar: Eberhard entiende que cada uno es libre de educar como le plazca «y si optan por una familia democrática, en la que todo se "habla" y todo lo escogen los hijos», le parece muy bien. Sin embargo, si el objetivo al ejercer este tipo de crianza es conseguir un mayor amor filial, los padres van desencaminados. El psiquiatra está convencido de que educar así «no va a influir en que los hijos te quieran más o te quieran menos».

La opinión de un juez

Que la familia no puede funcionar como una democracia lo tiene también muy claro el juez de menores Emilio Calatayud. Este juez de Granada, famoso por sus sentencias ejemplares, se refirió a ello en su blog[33] a partir de una entrevista sobre hiperpaternidad que me hicieron en el diario *Ara.*[34] Bajo el título «La familia no es una institución democrática… por fortuna», el juez coincidía con que la familia no puede ser una democracia: «Porque entonces caeríamos en el

33. http://www.granadablogs.com/juezcalatayud/2016/10/la-familia-no-es-una-institucion-democratica-por-fortuna/
34. Laura Bonilla, Eva Millet: «Dejemos de preguntárselo todo a los niños, la familia no es una institución democrática», Diari Ara (9 de mayo de 2016).

coleguео y seríamos amigos de nuestros hijos, que es un error notable». Reproduzco un fragmento:

> A diferencia de las democracias, en la familia tampoco hay separación de poderes: los padres hacen las normas, las ordenan ejecutar y castigan al que no las cumpla: tres en uno. Los padres son el poder legislativo, el ejecutivo y el judicial.
>
> Siendo niño, cometí una trastada –ahora sería un delito, porque ahora todo es delito– y mi padre instruyó la causa, dictó la sentencia y aplicó el castigo. Ni abogados defensores ni 'na'. Y no nos pasó nada por eso. Lo cual no quiere decir que la familia tenga que ser una dictadura, pero repito, tampoco una democracia. Y hay quien se empeña en que la familia sea una democracia y se equivoca.
>
> Igual que el Ejército tampoco puede ser una institución plenamente democrática. ¿Se imagina alguien a un mando preguntando a los soldados en plena batalla que qué les parece tomar tal o cual colina, y lo soldados diciendo: «Luego más tarde si eso» o «yo es que no lo veo, mi capitán» o «Es la hora del bocadillo»?

Me ratifico frente a su señoría: la familia no ha de ser una dictadura, pero tampoco una democracia; ha de haber una sana jerarquía. ¿Qué cómo se consigue? Pues con algo tan sencillo, aunque cada vez más escaso, como son los límites.

Uno de los pilares de una buena crianza

Llevo más de una década escribiendo sobre temas de educación y puedo asegurarles que, ante cualquier asunto que afronte relacionado con la mejora del bienestar familiar (rabietas, falta de sueño, niños agresivos, uso de dispositivos electrónicos, adolescentes, malas notas, baja tolerancia a la frustración…), se recetan los *límites*. Una palabra, sin embargo, que está denostada en tiempos de «familias democráticas», «crianzas respetuosas» y padres *colegas* de los hijos, en las que la idea de decir «no» al niño equivale casi a una agresión.

«¿Qué se puede hacer para no malcriar a los niños?», le preguntaron a la maestra y escritora Josefina Aldecoa. «Poner límites razonables a sus caprichos», contestó. También fue ella quien dijo que un niño sin límites «está perdido».

Su hija Susana, hoy directora del colegio Estilo, de Madrid, explicaba en *El País* que no creía en la educación sin límites: «No hablo de dureza pero sí de firmeza. Un educador debe tener claro lo que se puede consentir».

«Si no hay límites, hay confusión e inseguridad», asegura la psicóloga Silvia Álava Sordo, para quien los límites y las normas: «No anularán la personalidad del niño, sino que le ayudarán a modelar su temperamento y a conseguir el autocontrol necesario para vivir con éxito en la exigente sociedad actual».[35]

---

35. Silvia Álava Sordo, *Queremos que crezcan felices*, JdeJ Editores, 2015.

David Eberhard afirma que, aunque la cultura educativa imperante pida a los padres que sean «los mejores amigos» de los hijos, «lo que necesitan los niños son padres, no amigos. Padres que actúen como tal y les den normas y límites». Según el neuropsicólogo Álvaro Bilbao, autor de esta casa:[36] «La neurociencia nos indica que para el niño son tan necesarias las muestras de afecto como las normas; los mimos como los límites. A los padres les cuestan mucho, pero son algo maravilloso». Y es que, añade Bilbao: «Una vez puestos y bien inculcados, te ahorran mucho trabajo». No hay que tener miedo de los límites, insta: «Al niño se le tiene que dar afecto pero también enseñarle la realidad. Los niños que solo reciben amor tienen muchas dudas y los que solo reciben castigos no están nunca satisfechos. El equilibrio es lo que ayuda al niño».

En su último libro, *Elogio de las familias sensatamente imperfectas* (Ariel), Gregorio Luri nos recuerda que todo hijo de una familia normal e imperfecta tiene derecho a oír la palabra «no». «No nos sentimos autoritarios por ello sino con sentido común.»

Podría seguir citando a otros docentes, pedagogos, psicólogos, filósofos, jueces y padres que coinciden con que los límites son fundamentales para conseguir familias equilibradas y felices. En definitiva, diga «no» a sus hijos de vez

---

36. Álvaro Bilbao, *El cerebro del niño explicado a los padres*, Plataforma Editorial, 2015. Entrevista en *Diari Ara*: «Cal tant afecte com normes» (1 de octubre de 2016).

en cuando. Los expertos los recomiendan. Incluso el mencionado Jesper Juul, epítome de la corriente de la crianza no autoritaria, tiene un libro dedicado a los límites: *Decir no, por amor.*[37]

Conclusiones

- La familia «democrática» está en boga. En especial, en su vertiente «democrática-permisiva», donde la bienintencionada ausencia de jerarquías y de límites suele derivar en una sumisión de los padres hacia los hijos.
- El modelo «democrático» se basa, en teoría, en el consenso y la asamblea familiar. Implica preguntar constantemente cosas a los hijos que ni están capacitados ni les toca decidir. En una analogía muy clara, los autores de *Modelos de familia* comparan esta dinámica con el funcionamiento de un país: estas familias admiten a los hijos en el Parlamento como si ya fuesen adultos maduros, y todavía no lo son.
- La transformación de la figura del padre autoritario a la del padre *colega* está provocando la añoranza del padre

---

37. Imagino que escribir *Decir no, por amor* (Herder), un libro sobre la importancia de decir «no», debe de haber sido algo traumático para el autor. Quizás por ello, en la sinopsis, se matiza que «la obra no trata de la necesidad de imponer límites a los hijos», sino que se propone: «Explicar cuán importante es poder decir no, porque debemos decirnos sí a nosotros mismos». Algo confuso, sí, pero hasta Juul reivindica los límites.

ausente, como señala el piscoanalista Massimo Recalcati.[38] Los hijos no quieren unos padres que sean *amigos* suyos, sino unos padres que ejerzan como… ¡padres!

- La familia no ha de ser una dictadura, pero es un sistema donde las jerarquías son fundamentales. Los padres han de actuar como tales y marcar unos normas y unos límites, consistentes y razonables: facilitarán una convivencia feliz.
- Los padres deben invertir en educar los límites sobre todo en los primeros años, porque posteriormente los problemas de convivencia se hacen más difíciles. Si los hábitos se instauran, es más difícil cambiarlos. Los límites son una buenísima inversión, tan necesarios como el afecto.

38. Massimo Recalcati, *El complejo de Telémaco; padres e hijos tras el ocaso del progenitor*, Editorial Anagrama, 2014.

4

El apego y la hiperpaternidad

Empiezo este capítulo, dedicado a una tendencia de crianza cada vez más en boga, el llamado «apego», con este comentario dejado por Claudia en mi cuenta de Facebook:

> Cuando tuve a mi primera hija, que ahora tiene casi catorce años, nacía con mucha fuerza el movimiento de crianza con apego y yo me convertí en una férrea seguidora: intentaba poner en práctica todo lo que me llegaba a través de libros, artículos y debates en foros. No hubo tema sobre la crianza respetuosa que se me pasara por alto.
>
> Por supuesto que no pretendo, ni de lejos, criticar, o poner en tela de juicio la crianza con apego, porque creo que, bien entendida, es una de las mejores cosas que le pueden ocurrir a un niño. Únicamente os comparto una de mis experiencias, lo que en mi caso particular provocó dejar elegir a mi hija sobre casi todo.
>
> En realidad, lo que me ocurría era que confundía términos y eso hacía que interpretara algunos consejos como si de dogma se trataran. Uno de los que más «problemas» me ocasionó fue pensar que los niños pequeños tenían derecho a escoger y decidir el máximo de cosas que afectaban a su día a día:

Qué comer, qué ropa se ponía, si salíamos a dar un paseo o no, si iba descalza o con zapatos. Si, si, si...

Hoy estoy convencida de que una niña de dos años no tiene por qué estar decidiendo todo el tiempo lo que puede y no puede hacer. A mi hija, en realidad, le creaba inseguridad y confusión y, evidentemente, hubiera sido mucho mejor para su tranquilidad y desarrollo tener unos límites claros y no haber de estar decidiendo cosas constantemente, porque muchas veces sus elecciones eran cosas imposibles de mantener y acabábamos en un berrinche monumental.

Os aseguro que cuando estás en medio de la historia eres incapaz de verlo. Yo realmente pensaba que estaba súper bien «respetar» sus elecciones y que estaba siendo una súper madre. Hay muchas cosas sobre la crianza respetuosa que se podrían debatir: es un tema complicado porque al usar la palabra RESPETO parece que tuviera que ser intocable, pero hay muchas formas de respetar a los niños y que, desde mi punto de vista, pasan por respetarnos primero a nosotras mismas como madres.

La llamada crianza de apego es tendencia en Occidente. En Estados Unidos ya es la habitual entre mujeres blancas, de clase media y con educación superior, lo que la convierte sociológicamente en dominante. Madres —el apego da todo el protagonismo y la responsabilidad a las mujeres—, las cuales consideran que la mejor forma de educar a los hijos se basa en mantener un máximo contacto físico con la criatura, a partir de un retorno a «lo natural».

Los partidarios del apego aseguran que produce niños «mejores», más seguros y confiados en sí mismos, pero los críticos lo ven como otra forma de competir por quién es «más madre», además de un retroceso para el feminismo. El apego no deja de ser un tipo de hiperpaternidad, disfrazada de crianza alternativa. Veamos por qué.

Como Claudia cuenta en su texto, el concepto de apego empezó a escucharse en España a principios de este siglo. Fue cuando yo tuve a mis dos hijos y sí, es cierto que fue entonces cuando empecé a detectar que algunas madres de mi entorno rechazaban el cochecito y optaban por llevar a sus bebés en bandolera, pesaran lo que pesaran; a amamantarlos *sine die* y a dormir en la misma cama.

Algunas habían parido en casa o habían tenido un «parto natural» (es decir, sin epidural) en el hospital. Estaban orgullosísimas de ello, haciéndotelo saber al minuto de conocerlas. Otras evitaban vacunar a sus hijos, darles leche de vaca e, incluso, llevarlos a un dentista convencional (descubrí que existen dentistas que solamente necesitan de un péndulo para trabajar). Muchas abogaban por una salud basada únicamente en la homeopatía y no dar juego a la *maligna* industria farmacéutica. También creían que el niño era el que dirigía su educación. Ellas estaban para acompañarlo, pero no para decirle lo que tenía que hacer. «No quiero *traumarlo,* nunca», me aseguró una madre con vehemencia.

En ese entonces, estas madres se autodenominaban «alternativas» o «naturales». Pero pronto llegaron los conceptos de «apego» y de «crianza respetuosa», acepciones bajo las que se sintieron aún más identificadas y que, en los últimos años, han crecido como la espuma.

De la teoría a la ideología

Como tantas otras cosas, el concepto de «crianza de apego» nace en Estados Unidos, donde se conoce como *attachment parenting*. Dos de sus principales ideólogos son el pediatra William Sears y su esposa Martha, enfermera. Padres de ocho hijos, los Sears son un matrimonio profundamente religioso que han publicado más de treinta libros sobre crianza. El más famoso, sin embargo, es *The Attachment Parenting Book* (Little, Brown & Co), donde los Sears se apoderan sin complejos del concepto de «apego», acuñado por el psicólogo inglés John Bowlby.

John Bowlby nació en Londres en 1907 en el seno de una familia acomodada. De niño, y de acuerdo a las convenciones de su clase social, vio muy poco a sus padres: fue criado por niñeras y, antes de cumplir los diez años, lo mandaron a un internado, otra costumbre muy inglesa.

A Bowlby, aquel flagrante desapego de sus progenitores –considerado en la sociedad posvictoriana la mejor manera de educar a los niños– lo marcó tanto que dedicó su vida a estudiar sus consecuencias. Está considerado el padre de la llamada «Teoría del apego» que, en esencia, postula que para que el desarrollo social y emocional sea normal, los humanos necesitan formar un sólido vínculo emocional con —al menos— un cuidador durante los primeros seis meses de vida.

Bowlby formuló su teoría a mediados del siglo pasado, cuando Naciones Unidas le encargó un informe sobre las consecuencias de la orfandad en la Europa después de la Segunda Guerra Mundial. Su énfasis en la importancia de establecer una sólida relación afectiva con los hijos se ha hecho incontestable. Hoy el afecto es un pilar de la crianza, considerado tan necesario como la alimentación y la educación.

Pero, con el paso del tiempo, la teoría de Bowlby se ha ido alterando. De la «Teoría del apego» se ha pasado a la «crianza de apego», que no tiene nada de científico y sí mucho de ideológico. Esta ideología postula que para conseguir el apego emocional con el hijo las madres han estar, literalmente, enganchadas al niño. Y no solo durante los primeros seis meses de vida. ¿Cómo? Mediante prácticas como la lactancia prolongada, el colecho (dormir con los hijos) y el porteo (llevarlos encima y no en cochecito).

Otro de los pilares de esta crianza es adaptarse a la voluntad del niño; «respetar» sus elecciones. Y es que también en el mundo del apego y la crianza respetuosa es el infante, sabio por naturaleza, quien dirige su educación. Por tanto, es habitual que sean los padres quienes, desde bien pequeñito, le animen a que «elija». Incluso cosas tan fundamentales como qué quiere comer, cuándo quiere acostarse y dónde. Es ese «clima de reciprocidad» que reivindicaba el terapeuta Jasper Juul en el anterior capítulo. Ese constante «invitarle a decidir» que nos contaba Claudia al inicio de este y que caracteriza el ya analizado modelo familiar democrático-permisivo.

Niños «maravillosamente especiales»

En el libro de los Sears no hay referencias a la teoría original de Bowlby, pero sí un sinfín de indicaciones sobre cómo convertirse en los mejores padres –y, sobre todo, madres– a través de una dedicación intensa. Según los Sears, quienes sigan su estilo de crianza conseguirán unos niños «maravillosamente especiales». No solo «más inteligentes» que el resto, como escriben, sino también con mejor salud, mejor desarrollo y mejor comportamiento. Hijos «misericordiosos, cariñosos y receptivos, que confían en ellos y en los más cercanos».

Las claves para conseguir esas criaturas «mejores» son, según los Sears, siete: un estrecho vínculo posparto, lactancia materna (prolongada y a demanda), porteo, colecho, respuesta inmediata al llanto, equilibrio y límites (pero en el sentido de «no olvidar el vínculo con la pareja») y, finalmente, desconfiar de los consejos de los «adiestradores de niños» (es decir, de personas que dan consejos diferentes a los suyos).

El apego ha irrumpido con fuerza en España, donde las webs, blogs y grupos de madres autodenominadas «de apego» han proliferado. Ya no son solo las cuatro madres que yo detectaba hace quince años.[39] Su biblia es el super-

---

39. Una de las ponentes del XII Fòrum Interxarxes (octubre de 2017), la psi-

ventas *Bésame mucho* (Temas de Hoy), del pediatra Carlos González.

Publicado en 2003, *Bésame mucho* está considerado una respuesta –tanto ideológica como a nivel de mercado editorial– a una tendencia de crianza más conductivista, que apuesta por rutinas y límites, epitomizada aquí por el método para enseñar a dormir a los niños del doctor Estivill; la «bestia negra» de las madres de apego. En su libro (que, sin complejos, se define como «la guía definitiva para criar con amor»), González insta a «respetar» al niño. También dedica páginas a rebatir lo que llama «la puericultura fascista» y a convencer a los padres de que el hecho de que un bebé duerma de un tirón por la noche es casi una anomalía, así que es mejor dormir con él y darle de mamar cada vez que se despierte.

Varios ejemplares de *Bésame mucho* estaban a la venta en una asociación de crianza respetuosa que visité en el barcelonés barrio de Gracia. En sus instalaciones, decoradas con un reportaje fotográfico a todo color sobre partos en casa –con madres extáticas y primeros planos de placentas–, se ofrecían asimismo los servicios de comadronas y *doulas*[40]. Sin olvidar todo tipo de talleres para antes y después del gran día, que no eran precisamente baratos.

---

cóloga Montse Gavaldà, coordinadora del centro Agalma de Desarrollo Infantil de Barcelona, me confirmó que las familias que practicaban el «apego» ya eran mayoritarias entre las que acudían a su centro.

40. Junto con la conservación de la placenta, las *doulas* son la última novedad de la crianza alternativa: se trata de mujeres (no profesionales sanitarias) que acompañan durante el embarazo, el parto y el posparto.

De *Bésame mucho* también me hablaron las mamás de un grupo de apego a las que entrevisté para un reportaje en el *Magazine* de *La Vanguardia*[41] dedicado a este tema. M., madre de dos hijas, me aseguró que el apego «ya no es alternativa, sino tendencia» y me explicó cómo se había convertido en «un encadenado» en su vida: «Empiezas queriendo recuperar un embarazo más consciente con tu cuerpo; llega el parto y optas por el parto natural y, después, no quieres ceder la responsabilidad de la educación de tus hijos y buscas opciones de crianza compartida. Sin olvidar la lactancia prolongada y el colecho», me enumeró. Por su parte, R. veía su decisión de apostar por el apego como: «Un proceso natural, equiparable al empoderamiento ciudadano en la política, en contra de un sistema capitalista, neoliberal, que ofrece muy poco tiempo para la crianza». A., madre de tres, me explicó que lo que buscaba en este modelo era que sus hijos «no se desconecten *nunca* de lo que sienten y de lo que les pasa, y que yo, como madre, pueda conectarlos con el amor universal». Una tarea sin duda titánica para cualquiera pero que, a todas luces, no amedrentaba a A.

Las mamás de apego con las que hablé aseguraban estar encantadas con esta crianza intensiva. No les parecía ni exagerada y, ni mucho menos, un punto masoquista, como les sugerí. Ante tanta unanimidad, la pregunta que les formulé fue si los niños criados así son *diferentes*. «Al tener sus nece-

41. E. Millet, «¿Demasiado madres?», *La Vanguardia Magazine* (15 de enero de 2017).

sidades emocionales cubiertas desde el principio sí, son distintos», afirmó una. «El niño ha tenido el amor, el abrazo, ha sido cogido cuando ha llorado… Tendrá una confianza en sí mismo que creo que solo se puede conseguir con una crianza de apego», me dijo A. Aunque todavía no podía probarlo empíricamente, también estaba convencida de que sus hijos tendrían una adolescencia distinta: «Porque, si ya te damos lo que necesitas, no lo vas a tener que buscar cuando eres adolescente o adulto».

Seguramente, estas mamás de apego se hubieran horrorizado si quien esto escribe les hubiera sugerido que esta crianza intensiva, en la que el hijo es el rey absoluto, no deja de ser otra variante de la hiperpaternidad. Se lo pregunté, sin embargo, a la doctora Amy Tuteur, divulgadora médica estadounidense y una de las voces más críticas contra la corriente del apego. «¡Por supuesto! La hiperpaternidad y el apego están muy relacionados porque ambos se basan en esta idea de que los hijos son un producto; que solo tienes que darles los *inputs* correctos y, si lo haces, tendrás un hijo exitoso. Y, lo más importante: vas a presumir delante de los otros padres.»

Madres lo suficientemente buenas, no perfectas

Tuteur fue una de las primeras en denunciar una competencia insana entre las mujeres por quién es la *más apegada* o la que ha tenido un parto más natural. Madre de cuatro hijos y obstetra, ha publicado el libro *Push Back: Guilt in the Age of Natural Parenting*, publicado por Harper Collins (Retroceso: la culpa en la era de la crianza natural), donde denuncia la presión que este modelo ejerce sobre las madres. Un modelo que equipara, sin bromear, a «una secta», una ideología que «sin base científica alguna», quiere hacer creer que los niños criados con este intenso contacto físico van a ser mejores.

Tuteur decidió escribir el libro porque, tanto en su práctica médica como en su blog,[42] cada vez atendía a más mujeres que se sentían fatal al creer que hacían algo mal por no seguir los dictados de la crianza natural. Una presión que le parece injusta e innecesaria en un momento (embarazo, parto, primeros meses del bebé…), en el que, además, las mujeres son más vulnerables. «He visto demasiadas madres que se consideraban *fracasadas* porque su bebé –sanísimo, por cierto– había nacido por cesárea o habían recibido la epidural. En ocasiones, me he llegado a preguntar si el parto no era más importante que el bebé.»

La doctora lamenta la distorsión que se ha dado a las teorías de John Bowlby. «El nombre que los Sears escogieron para su libro es muy bueno, porque todos han oído hablar de la teoría del apego y saben que el apego es importante», dice. Pero, en especial, le indigna que esta corriente transmita el mensaje de que el apego solo se conseguirá siguiendo determinadas directrices: «La asunción subyacente es que el

42. http://www.skepticalob.com/

apego es, en cierto modo, difícil de lograr, y que si no haces lo que te dicen, tu bebé no estará unido a ti. ¡Y eso no es cierto, el apego es algo espontáneo!», exclama indignada. «En treinta años de carrera he observado que lo más importante para los niños es que sepan que sus padres los quieren, pero que el método específico de nacimiento y de alimentación y el número de horas que han sido cargados al día, son irrelevantes. Los bebés no necesitan una madre perfecta sino una madre lo suficientemente buena», sintetiza.

De hecho, hasta el propio Carlos González me aseguró, en el citado reportaje de *La Vanguardia*, que «eso de "crianza con apego" no tiene mucho sentido. El apego es una necesidad básica del ser humano y todos los niños lo tienen. No depende ni de la lactancia ni del porteo, que son cosas que están bien, pero no son el "apego" en el sentido psicológico del término».

El autor aprovechó para aclarar también que: «Nunca he usado (que yo recuerde) términos como "crianza natural" o "con apego"». Lo que él recomienda, explica, le parece lo más convencional del mundo: «Lo que ofrezco es libertad: si quieres coger al niño en brazos, puedes hacerlo; si quieres metértelo en la cama, puedes hacerlo, si quieres darle el pecho sin mirar el reloj, puedes hacerlo».

En su libro, sin embargo, existe una clara polarización entre lo que llama la «crianza convencional» (que, según él, ve a los hijos como «enemigos» a los que domesticar) y su propuesta, que los considera como «amigos» a los que entender. El término medio, dice, no es posible.

En un mundo cada vez más polarizado ideológicamente, el apego se está instaurando con fuerza, ante un cierto asombro de quienes creen que se puede amar a los hijos sin ejercer esta maternidad tan intensa para, entre otras cosas, desafiar al sistema. Este, sin embargo, también se nutre de una tendencia que, como señala la doctora Tuteur, supone un «negocio enorme». Pero para ella, quizás lo más escandaloso de esta crianza natural, es que promueve ideas en su mayoría antifeministas «y normalmente dictadas por hombres». Un retorno a la época en la que el principal papel de la mujer era quedarse en casa, al cuidado de los hijos.

Y ¿cómo afecta este «apego» a los hijos? Para esta especialista, este tipo de crianza puede ser, incluso, perjudicial: «No sé en España, pero en Estados Unidos estamos criando una generación que tiene problemas terribles con la tolerancia a la frustración», me comentó. Montse Gavaldà, en el ya mencionado Fòrum Interxarxes, explicó que las patologías por las que acuden ahora las familias son «más emocionales que orgánicas». Entre otros, trastornos en la comunicación y en el sueño y dificultades en el lenguaje. Problemas que, en otras circunstancias, los padres podrían resolver por sí mismos en la mayoría de los casos. Pero en una época en la que los padres tienen terror a que sus hijos lloren y a decirles que *no*: «Sienten que les faltan pautas y los traen a la consulta».

La crianza alternativa barre con el conocimiento de generaciones anteriores: «La ideología ha sustituido a la ciencia y a la tradición familiar», resumió.

Conclusiones

- La llamada «crianza de apego» (también conocida como «natural» o «respetuosa») se ha convertido en tendencia en Occidente. Implica un contacto físico intenso con el hijo, basado en tres pilares: lactancia extendida, colecho y porteo.

- El apego se caracteriza también por la idea de que es el niño quien debe dirigir su aprendizaje; los padres han de respetar sus elecciones. La idea es que, como la naturaleza es perfecta, en consecuencia el niño lo es, así que aprenderá por sí mismo todo lo que necesita: «Como dormir, por ejemplo; tú solamente has de esperar, él decidirá cuándo y dónde», ilustra Amy Tuteur.

- El apego es muy ideológico: las familias, por ejemplo, no «duermen con los hijos», sino que «hacen colecho». Como señalan diversos expertos, este tipo de crianza no tiene ninguna base científica. Es simplemente una opción personal que no tiene nada que ver con ser mejor o peor madre ni va a influir en que los hijos te quieran más o menos o sean mejores que los otros.

- De hecho, la práctica de que sea el hijo el que decida lo que puede y no puede hacer se salda en inseguridad y confusión. En gran parte, porque se le carga con una responsabilidad que a él no le toca. Al fin y al cabo, para eso elegimos ser padres: para enseñarles, no para adaptarnos a ellos y, en muchos casos, dejarles hacer lo que les venga en gana.

- El papel masculino en esta crianza es, más bien, discreto. «He llegado a sentirme inútil porque hay una omnipresencia de la madre», me explicó un padre. Mientras que los proapego dicen que este papel secundario es «temporal» y «natural», otras voces alertan de que, de nuevo, el grupo problematizado son las mujeres, que ahora tienen que ser *más madres* que nunca. Mientras, el grupo masculino resta inamovible.

5.

Sobre el narcisismo, la autoestima y la educación emocional

Entitlement es una palabra inglesa que no tiene una traducción directa en castellano. Según el diccionario Collins es el derecho a prestaciones tan importantes como un subsidio social o una representación legal. Sin embargo, existe una connotación más negativa del término: cuando la persona considera que tiene derecho a *todo* tipo de privilegios y no manifiesta ningún tipo de agradecimiento por su suerte.

Del nombre se ha pasado a la frase hecha, *sense of entitlement*, que vendría a ser: «Lo tengo todo porque lo merezco y punto», aunque, en la mayoría de los casos, la persona en cuestión no haya hecho nada para merecerlo.

Transformada en adjetivo, la palabra *entitled* se utiliza para describir a los niños y niñas malcriados y a los adultos que se comportan con este sentido de «el mundo es mío», demostrando poca o nula empatía y poca o nula humildad.

Un perfecto ejemplo de esto último lo tenemos en la pareja formada por Ivanka Trump y Jared Kushner, respectivamente, hija y yerno del presidente de Estados Unidos, Donald Trump. Ella, por obra y gracia de su padre –de quien es la favorita–, se ha convertido en la «Primera Hija» de América y en «asesora presidencial»; dos puestos que ostenta con un rotundo sentido del *entitlement*.

Él, aunque sin experiencia política alguna, es también «asesor presidencial». Entre otras cosas, está a cargo de conseguir la paz en Oriente Medio y de lidiar con la epidemia de consumo de opiáceos que asola Estados Unidos y que, apuesto algo, a Jared le importa más bien poco.

Ivanka y Jared son la princesa y el príncipe consorte de una presidencia totalitaria, en la que están a sus anchas pese a su ineficiencia. Porque, además de hacerse muchas fotos bajando y subiendo del avión presidencial y de acumular cada día más dinero, no han aprovechado su posición para hacer nada bueno por el bien común, lo que debería ser la función de la política. En realidad, han sido terriblemente ineficaces.

Sin embargo, a la gente que sufre de *entitlement* sus pobres resultados les dan igual. Es *vox populi* que Ivanka y Jared no tienen ni idea de cómo ejercer unos cargos como los que ostentan, pero no les importa. «Lo que es asombroso es que no son ni mínimamente conscientes de su ineficacia. Se creen que son *especiales* y punto», afirmó un veterano funcionario de la Casa Blanca en un artículo sobre la pareja en la revista *Vanity Fair*.[43]

Se creen «especiales»; otra característica habitual en los hiperhijos. Un concepto que popularizó el profesor Da-

---

43. Sarah Ellison, «Exiles on Pennsilvania Av. –How Jared and Ivanka were repulsed by the Washington elite», *Vanity Fair*, (octubre de 2017).

vid McCullough Jr. en 2014, con la publicación de *No sois especiales*,[44] libro donde alertaba sobre la cultura imperante: «De jóvenes que creen que tienen derecho a todo simplemente porque les han dicho que son maravillosos».

Chicos y chicas, describía este profesor de instituto: «A los cuales, en vez de enseñarles a trepar el árbol, los padres les bajan las ramas o les compran las escaleras. O les buscan árboles más fáciles». Como resultado, los hijos creen que todo existe para que ellos lo disfruten. Desconocen lo que implica conseguir las cosas. «Y los niños necesitan esforzarse, luchar y perseverar. Aprender a levantarse después de un fracaso», recuerda McCullough.

Autoestima no es narcisismo

A estos jóvenes criados entre algodones y con una altísima noción de ellos mismos también se les conoce como Generación L'Oreal –por el célebre eslogan «Porque yo lo valgo», de esta firma de cosméticos–. En 2013, la revista *Time*[45] los apodó como Generación Yo, yo, yo, dedicándoles un extenso reportaje en el que se los describía como «perezosos y narcisistas», aunque también se aseguraba que iban a «salvarnos» a todos.

44. David McCullough Jr., *You Are Not Special*, HarperCollins, 2014.
45. Joel Stein, «Millennials: The Me Me Me Generation», *Time Magazine* (20 de mayo de 2013).

En la era del *selfie,* el narcisismo, el amor exagerado hacia uno mismo, es un trastorno que se está normalizando. Solo hace falta navegar un rato por Internet para ratificar esta afirmación. Las redes sociales y los blogs se han convertido en un *¡Hola!* global, nutrido por las millones de imágenes de personas que, a golpe de tuit y publicación, muestran su mejor cara y sus mejores momentos vitales.

Entre ellos están los *sharents*: una tipología de padres, cada vez más habitual, cuya misión es compartir con el mundo las maravillas de sus hijos vía Internet. El nombre surge a partir de la combinación del verbo *to share* (compartir) y el nombre *parents* (padres).

Los *sharents* suelen ser incansables. Algunos empiezan a colgar imágenes de sus hijos desde el momento en que se confirma su gestación.[46] Continúan documentando el embarazo y el parto y siguen con la lactancia, el primer baño, el primer cambio de pañal, la primera deposición en el orinal, los primeros pasos, el primer día de guardería, el primer carnaval, etcétera, etcétera.

La mayoría acompañan las imágenes con textos muy breves, aunque hay otros que se extienden más, narrando todas y cada una de sus experiencias vía blog. El proceso continúa hasta que, imagino, el retoño les dice ¡basta! y se dedica por sí mismo a compartir su vida en las redes.

---

46. Sí, los *sharents* también cuelgan las ecografías. Como en el blog *Esperándote Hija*, donde una madre documenta la llegada de su hija: «Una hermosa princesa, Antonia Ester».

Entre otras cosas, el *sharenting* implica la creación de un rastro digital precoz de nuestros hijos que va a ser muy difícil (por no decir imposible) eliminar. Pero también es una manera de educar en un *photo-call* constante y en la exhibición; en un narcisismo que ya se ha convertido en una de las características de los hiperniños y que es producto de la confusión, cada vez más extendida, que existe entre lo que es criar a un hijo con una buena autoestima y criarlo con un ego tremendo.

«Sí, el malentendido entre autoestima y narcisismo es uno de los grandes malentendidos de la educación emocional. Hay muchos, pero este es uno», coincide Eva Bach. Esta experta en adolescentes opina que, para que la autoestima sea efectiva, ha de ir del brazo de la empatía en todo momento, lo que no siempre es el caso. «Por ello es importante distinguir entre egocentrismo y autoestima, porque este malentendido, sumado a la sobreprotección actual, está provocando que haya jóvenes que se crean que tienen el derecho a decir cualquier cosa que piensan o sienten, de cualquier modo y a cualquier persona.»

Sobre la educación emocional

El concepto de «educación emocional» es un recurrente en el panorama educativo actual. Se la entiende como la vía para construir la «inteligencia emocional», otro concepto muy en boga, considerado como la clave para conseguir una existencia más plena y feliz. Y es que, como describe la psicóloga Silvia Álava Sordo, la inteligencia emocional se correlaciona con tener una buena autoestima y una buena salud mental: «Con tener amigos, con tener mejores relaciones de calidad de la pareja y una menor tasa de divorcios, con menor consumo de drogas en la adolescencia y con las competencias que se van a pedir a los líderes de las empresas».

Tanto la «educación» como la «inteligencia» emocional han sido objeto de libros y artículos, de conferencias, cursillos y charlas TED con millones de visualizaciones en YouTube. Se mencionan en las reuniones escolares y en programas divulgativos de televisión («¡No es magia, es inteligencia emocional!», decía Elsa Punset). Pero, pese a esta omnipresencia —o quizás, precisamente por ella—, existe una cierta confusión a su alrededor. Y es que son muchos los padres que creen que la educación emocional consiste en evitar, a toda costa que sus hijos se frustren y/o en decirles que son «lo más» y punto. De este modo, razonan, los críos tendrán una autoestima bien alta y serán más felices.

Pero educar las emociones no es esto, en absoluto. Como señala Cristina Gutiérrez Lestón, la educación emocional no tiene nada que ver con la autocomplaciencia. «Al revés: es hacer que la persona sea consciente de lo que siente y trate de gestionarlo de manera positiva, tanto para ella como para los otros.» Un ejercicio que, reconoce, no es sencillo pero que nos acerca al autoconocimiento: «Y cuanto más te conoces, mejor te sientes contigo mismo, lo que aumenta tu autoestima y te convierte en alguien con fortaleza interior».

Alguien capaz de decir «no» sin sentirse mal ni hacer sentir mal a lo otros, por ejemplo.

Silvia Álava Sordo también coincide con que la educación emocional no consiste en que el niño «se quiera mucho a sí mismo» y punto, «sino en trabajar la inteligencia emocional, que es una habilidad que consiste en ser capaces de identificar nuestras emociones y expresarlas también de forma correcta». Por un lado, la persona es capaz de facilitarse emociones que le pueden ayudar en determinadas situaciones. Por otro, es también capaz de regular: de aprender a controlar los nervios, la ira o la ansiedad.

Los agentes que están mejor posicionados para educar emocionalmente a los hijos son los padres. Ello implica que somos nosotros los que, en primer lugar, debemos entender bien las emociones. Tanto las buenas como las malas. Y es que, como señala esta especialista, la educación emocional incluye conocer y gestionar los sentimientos negativos, que no han de ser necesariamente malos: «A veces se está triste y no pasa nada. No se trata de vivir siempre en *el país de la piruleta,* sino de entender lo que nos sucede; lo bueno y lo malo». Álava añade que no hay que confundir la felicidad hedonista (la de «lo quiero y *ya*») con la felicidad de tipo armónico: la que nos hace sentir bien porque conseguimos hacer cosas que nos hemos propuesto.

A Eva Bach le gusta decir que la educación emocional «es aprender a leer lo que pasa en tu corazón y en el de las otras personas». Es decir, precisa entrenar la ya mencionada empatía, una cualidad cada vez menos en boga en un mundo más y más individualista. Sin olvidar, añade, que educar emocionalmente a nuestros hijos implica «cultivarles la alegría de ser, de aprender, amar, de vivir y ser útiles y educar la sensibilidad como complemento a este saber». Porque: «¿De qué sirve tener un nivel intelectual o cultural muy elevado si no sabemos hacer un uso inteligente y ético del conocimiento?». En definitiva: «¿De qué sirve tener un montón de títulos académicos si no se es persona?».

Conclusiones

- La inteligencia emocional es nuestra capacidad para identificar las emociones y expresarlas de forma correcta. Por un lado, la persona que cuenta con ella es capaz de facilitarse emociones que le pueden ayudar en determinadas situaciones. Por otro, es también capaz de regularse: de aprender a controlar los nervios, la ira o la ansiedad.

- La inteligencia emocional se adquiere mediante la educación emocional: un concepto que ha irrumpido con fuerza en nuestra sociedad en los últimos años. Aunque cada vez son más las escuelas que la incorporan en su currículum, los padres son los agentes mejor posicionados para educar las emociones de sus hijos.

- Es habitual confundir la educación emocional con evitar, a toda costa, que el hijo se frustre y no corregirle lo que no hace bien. Entonces, la autoestima se convierte en narcisismo: con ese creerse el centro del mundo y estar convencido de tener derecho a todo (*entitlement*), que caracterizan a este trastorno.

- Para entrenar la inteligencia emocional, Eva Bach recomienda dos premisas. La primera, no confundir autoestima con sentirse «mejor que el otro», sino aplicar el «y los otros también»: «Yo soy digno y los otros, también. Yo merezco que me quieran, me reconozcan y ser feliz y los otros, también. Yo soy capaz y los otros, también. Yo soy una maravilla, y los otros también…», ejemplifica.

- La segunda premisa es que la autoestima siempre ha de ir del brazo de la empatía. «Es cierto que tenemos derecho a sentir cualquier cosa, pero no a hacer cualquier cosa con lo que sentimos», puntualiza. Por ello, una educación emocional sana implica asimismo entrenar la empatía: sentir lo que uno quiera, sí, pero vigilar lo que uno hace y dice, algo que únicamente se puede conseguir teniendo en cuenta a los demás.

6.
Hipermadres, hiperhijos y felicidad

Cuando era muy chica, Marion Forwood, que ahora tiene cuarenta y nueve años, iba caminando sola al colegio. Hoy, como madre de Tomás, de trece años; de Francisco y Andrés, mellizos de seis, y de Luciano, de cuatro, pasa más horas arriba de su auto que en su propia casa. Los lleva a clases, y después a fútbol, taekwondo y natación. También van a tenis, toman clases de arte y juegan al golf.

Si puede, cuando alguno de los chicos no quiere comer en la escuela, lo busca para que puedan estar juntos los 45 minutos que dura el almuerzo. También les hace las tareas escolares o les pinta a escondidas esa lámina de ciencia que tienen que entregar, con un único objetivo: que quede perfecta.

«Todo está cronometrado. Desde hace dos años digo que voy a dedicar las mañanas a hacer algo para mí, pero no lo consigo. Me cuesta muchísimo encontrar ese espacio», dice.

Estos eran los primeros párrafos de un reportaje[47] del diario argentino *La Nación*, dedicado a la hiperpaternidad. Se publicó acompañado de una imagen de Marion, la madre, en la que aparece sentada a la mesa de la cocina de su casa. Frente a ella se despliegan varios libros de texto, un plumier y un par de cuadernos. La acompañan tres de sus cuatros hijos, los cuales observan –con una mezcla de resignación y perplejidad– cómo su madre lidia con unas tijeras y recorta algo que, seguramente, deberían recortar ellos.

La televisión está encendida detrás de Marion, con un capítulo de *Dora, la Exploradora*. La cocina es grande y luminosa. Los niños, hermosos. Marion y su familia podrían ser la viva imagen de la felicidad, pero en el rostro y en la postura de la madre solamente se ve el estrés. Un estrés completo y absoluto. Un estrés de hipermadre.

Hiperpaternidad y bienestar familiar

No es sorprendente. Tener cuatro hijos y quererlos *híper* desquiciaría a cualquiera. Ya expliqué en mi anterior libro que el estrés materno es una de las principales consecuencias de la hiperpaternidad. Aunque el hombre cada vez participa de forma más activa, el peso de la crianza y la organización

---

47. Evangelina Himitian, «Hiperpadres: el riesgoso deseo de criar hijos perfectos», *La Nación* (11 de abril de 2016).

del hogar todavía recae sobre las mujeres. Y si esta crianza implica una atención exhaustiva hacia los hijos —con el fin de conseguir esos niños *perfectos* que la sociedad parece requerir—, el estrés aún es mayor.

Un estrés que ha sido comprobado académicamente. En 2016 Almudena Sevilla, especialista en sociología familiar y uso del tiempo y profesora de la Queen Mary University de Londres, publicó, junto al profesor José Ignacio Giménez Nadal, de la Universidad de Zaragoza, un estudio que analizaba el bienestar de las mujeres que ejercen lo que describieron como «maternidad intensiva».

El estudio[48] concluyó que las madres que suelen centrarse en este tipo de crianza: «Tienden a ser las más infelices cuando pasan tiempo con sus hijos». Asimismo, detectó que a medida que aumenta el nivel educativo: «Menor es el nivel de satisfacción que las madres sienten al estar con sus hijos y mayor es el nivel de cansancio y estrés».

En cierto modo, no tiene sentido. Se trata de mujeres con estudios universitarios y buen nivel económico, que viven en países desarrollados y que «tienden a conversar, razonar, y realizar actividades intelectualmente estimulantes para el desarrollo del niño». Actividades que, está demostrado, tienen beneficios a largo plazo. Entonces, se preguntan Sevilla y Gi-

---

48. J. Ignacio Giménez Nadal & Almudena Sevilla, *Intensive Mothering and Well-being: The Role of Education and Child Care Activity*. Se puede consultar en español en el blog de Sevilla: http://nadaesgratis.es/admin/por-que-las-madres-con-estudios-estan-tan-cansadas-y-estresadas.

ménez Nadal: ¿Por qué este tipo de maternidad perjudica a las madres? ¿Cómo es posible?

Tras analizar una gran variedad de variables socioeconómicas, incluido el empleo, los autores llegan a la conclusión de que la principal razón para esta mayor infelicidad es: «La expectativa social que implica seguir un tipo de maternidad más intensa». La presión social, vaya. La competitividad que se da por ver «quién hace más» o «quién da más» y que resulta en infancias que, más que infancias, parecen campos de entrenamiento, dirigidos por madres agotadas como Marion. Si a ello le sumamos la abrumadora oferta de extraescolares, *gadgets* y de las llamadas «experiencias mágicas» con las que se inunda el mercado y que parece que les has de dar a tus hijos, sí o sí, para que *triunfen* y/o sean felices, el estrés y la inseguridad campan a sus anchas.

No deja de ser irónico que, con la mejor de las intenciones, no se consigan maternidades felices. Y, ojo, no solo les ocurre a las madres. El estudio de Sevilla y Giménez Nadal también sugiere «que se da un patrón similar de una paternidad más infeliz[49] en los hombres con mayor nivel de estudios». Es decir, los padres también lo pasan mal.

Los autores señalan asimismo que esta infelicidad de los progenitores puede tener un gran impacto en el bienestar de los niños. Sin olvidar que esta insatisfacción puede poner en peligro la relación conyugal, cuya estabilidad, recuerdan, «también es importante para el desarrollo del niño».

49. En el original, en inglés, se habla de *«more **miserable** parenting»*.

Según Sevilla y Giménez Nadal, debemos reconsiderar «el enfoque simplista» que hace demasiado hincapié en el tiempo que se dedica a los hijos en actividades de desarrollo, sin tener en cuenta el coste psicológico para las madres (y padres). Es decir, sí, está maravillosamente bien dedicarse a los hijos, pero si esta dedicación intensiva produce estrés y ansiedad, quizás sería hora de empezar a replantearse este modelo y buscar otras formas, más relajadas, de dedicarse a los hijos.

Los hijos, ¿dan más felicidad?

Estos dos sociólogos no son los primeros que alertan sobre las contradicciones de la paternidad y la maternidad actuales. Jennifer Senior, en su libro *All Joy and No Fun: The Paradox of Modern Parenthood*,[50] explora asimismo la relación entre paternidad y felicidad; un tema que le llamó la atención incluso antes de tener hijos.

Esta periodista neoyorquina quiso averiguar por qué, década tras década, la sociología continúa demostrando que las personas con hijos NO son más felices que las que no los tienen. De hecho, en algunos casos, lo son menos.

Así que se puso a investigar las razones de lo que parece una paradoja, ya que vivimos en una sociedad donde preva-

---

50. Que podría traducirse como *Mucha alegría pero felicidad, ninguna: la paradoja de la paternidad moderna.*

lece la idea de que los hijos son un ingrediente básico de la felicidad y la plenitud. En especial, de las mujeres.

Senior descubrió que algunas de las causas de esta menor felicidad son aspectos tan clásicos como la falta de sueño y de autonomía que experimentan los padres al tener hijos. Sin olvidar la presión que tener descendencia ejerce sobre la pareja. En especial, cuando los niños son muy pequeños y en la adolescencia. Senior también desvela que las parejas con hijos discuten más que las que no los tienen. Y discuten, por encima de todo, sobre los hijos: «Más que sobre dinero, trabajo, los suegros, las manías personales, los amigos pesados y el sexo», escribe.

Pero, además de estas razones «clásicas», Senior detectó «la exasperante duda existencial» que conlleva la crianza actual. Una duda vinculada a las altas expectativas que implica convertirse en madre o en padre: «Y es que los hijos», escribe, «en vez de ser una parte normal de nuestras vidas hoy se ven como fuentes de plenitud existencial».

Sin olvidar el agobio que experimentan tantas madres trabajadoras, culpabilizadas por no ser perfectas, tanto en su vida laboral como familiar. El hecho de que ya no se hable de «amas de casa», sino de «mamás a tiempo completo», es un indicador no solo de la profesionalización de la maternidad actual sino, también, del aumento de la presión por ser madres diez.

El impacto en los hijos

¿Son menos felices los hijos criados de forma intensiva? Ya vimos en la introducción que tanto Madeline Levine como Stella O'Malley, que llevan tiempo estudiando este fenómeno, coinciden en que los hiperniños son «más infelices» o «no muy felices».

Por su parte, Silvia Álava Sordo correlaciona la hiperpaternidad y la sobreprotección con una hornada de niños más inseguros y miedosos, con poca capacidad resolutiva: los hiponiños. Asimismo, como señalaban Sevilla y Giménez Nadal, la citada insatisfacción y/o infelicidad de los padres afecta de rebote a los hijos.

En el acto de celebración del décimo aniversario de esta editorial, el neurólogo Álvaro Bilbao aseguró que «hoy hay más niños diagnosticados con depresión que en cualquier otro momento de la historia». Alertó que enganchados como estamos a los incentivos y a una búsqueda de la felicidad inmediata, nos invaden el estrés y la ansiedad.

Por su parte, Eva Bach detecta a adolescentes que no se implican con personas y proyectos «por miedo a equivocarse», de no hacerlo perfecto y de que quede en evidencia lo que no saben. «Hablo de chicos y chicas que no quieren enamorarse, no quieren relaciones estables por miedo a sufrir... Yo veo bien que no lo quieras porque eso es lo que te hace feliz pero... ¿Por miedo? Hemos querido que todo sea tan perfecto, se lo hemos puesto todo tan fácil, que viven fatal la equivocación. Pero hay cosas que son imposibles de aprender sin equivocarse, sin perder o sin caer», reflexiona.

El estrés continuado en los hijos es otro aspecto que se está normalizando. En octubre de 2017, *The New York Times Magazine* publicó un reportaje[51] donde se hacía eco de los elevados niveles de ansiedad entre los adolescentes del país. El texto incluía la encuesta de 2016 de la Asociación de Salud de Centros de Secundaria, donde se detectaba que el 62 % de los alumnos aseguraban sufrir de «ansiedad extrema». Esta estadística se sumaba a un aumento —el doble— de ingresos hospitalarios por intentos de suicidio adolescente en los últimos diez años. En especial, poco después del inicio del curso.

El artículo se iniciaba con el caso de Jake, quien empezó a padecer ansiedad extrema a los diecisiete años; una mañana se negó a ir al colegio y se acurrucó en el suelo, en posición fetal. «¡No puedo más! Vosotros no podéis entender lo que siento», dijo a sus padres. A Jake le parecía imposible ir a la escuela, donde sentía que la gente lo juzgaba y que nada de lo que hacía era lo suficientemente bueno. Equivocarse era uno de sus grandes miedos. Como no estar a la altura de sus compañeros y no poder «triunfar» en la vida.

Así que Jake se quedó en casa, incapaz de ir a clase. La angustia se lo impedía.

---

51. Benoit Denizet-Lewis, «Why are more American teenagers than ever suffering from extreme anxiety?», *The New York Times Magazine* (11 de octubre de 2017).

El de Jake no es un caso aislado. Stella O'Malley me explicó que en Irlanda, su país, también se han disparado los casos de fobia escolar: «Adolescentes que son buenos chicos, obedientes y estudiosos, de familias de clases media y alta, pero que, de repente, no se ven capaces de ir a la escuela… Pasan muchísimo tiempo en casa, en la cama. Recuerdo a una chica que no podía ir porque no podía salir del coche. Es una pesadilla. Cada vez hay más».

Tanto en Irlanda como en Estados Unidos, este aumento de «ansiedad extrema» no se da entre los adolescentes más desfavorecidos –quienes, técnicamente, tendrían más razones para experimentarla–, sino entre chicos y chicas de familias pudientes. Pero, como rezaba el título del culebrón: *Los ricos también lloran*. La ya citada Suniya Luthar, profesora emérita de la Universidad de Columbia, fue pionera en analizar los problemas psicológicos más habituales en este segmento social, muy poco estudiado. Su conclusión fue que los hijos de clase social privilegiada están dentro de los jóvenes más emocionalmente angustiados del país. «Estos chicos tienen unos niveles muy elevados de ansiedad y de perfeccionismo, pero existe un cierto desdén hacia la idea de que adolescentes privilegiados puedan sufrir», explica en *The New York Times*.

Pero sufren, sí. En especial, por no sacar un excelente en ese examen y no poder entrar en la universidad soñada. Por no ser «los mejores» y no tener «éxito»; un concepto que, en mi opinión, precisa de una revisión urgente. Una de sus principales fuentes de estrés, como señala Luthar, es la hiperactividad a la que están sujetos desde que son muy niños y que es otra de las derivadas de la hiperpaternidad: «Nunca pueden llegar a un punto en el que dicen "ya he hecho suficiente, y ahora puedo parar". Siempre hay una extraescolar más a la que ir, otra clase de repaso que atender o algo más para hacer y conseguir entrar en la mejor universidad».

Las redes sociales son otra de las causas del incremento del estrés. En estos foros los jóvenes se exhiben, se comparan, se miran los unos a los otros, pendientes de la aprobación en forma de *likes* y corazones. De todos modos, los teléfonos móviles también sirven como estrategia de evasión ante los problemas: una ventana ante la que pueden pasar horas y horas antes de ir a esa clase a la que no se ven capaces de acudir.

Protocolos para alumnos «frágiles»

El sistema educativo de Estados Unidos cuenta con los llamados *504Plans*, que son protocolos instituidos para facilitar la vida a los estudiantes que, literalmente: «Tienen un impedimento físico o mental» que los afecta o limita para asistir a clase en condiciones.

Los protocolos incluyen, entre otros, la posibilidad de «sentarse en un lugar preferente», «dar más tiempo para hacer exámenes y tareas escolares», la reducción de la cantidad de estas y el «permiso para llegar tarde, faltar a clase o saltarse tareas escolares».

Estos protocolos son adecuados para alumnos con afectaciones serias. De hecho, las dificultades físicas y mentales que se detallan incluyen: «impedimentos para andar, respirar, comer o dormir»; «comunicarse, ver, oír o hablar»; «leer, concentrarse, pensar o aprender» y «ponerse de pie, doblar el cuerpo, levantar objetos o trabajar».

El problema es que los *504Plans* se están aplicando para chicos y chicas que, objetivamente, no están tan seriamente limitados, pero a los que se les ha etiquetado como «frágiles». Además, los protocolos se están ampliando. Así, también se contempla que estos estudiantes coman en comedores especiales —lejos del barullo de la cantina—, accedan a la escuela por la puerta trasera y, si hay partidos en las clases de educación física, no haya un marcador, para así no provocar el trauma a perder.

El maestro adquiere una implicación muy activa, extracurricular, que entre otros implica llamar por la mañana al alumno para comprobar que no se haya dormido y estar en permanente comunicación con sus padres. Este rol encaja muy bien con la figura del hipertutor, que irrumpe asimismo en nuestro panorama educativo y de la que hablaré en el siguiente capítulo.

Pero repito: no se trata de adolescentes de familias desestructuradas ni en situación de desamparo. De hecho, los padres de estos chicos podrían calificarse de «devotos»: son ellos los que se comunican con la escuela y sus maestros (sus hijos se ven incapaces de hacerlo) y hacen todo por y para su prole.

De problema cotidiano a enfermedad mental

Pero en ese «hacerlo todo, todo» también les están transmitiendo su ansiedad. Una ansiedad que, como me señalaba Madeline Levine, ya han interiorizado los propios chicos: «¡Hemos llegado a un punto en el que son ellos mismos los que se inculcan la presión! Aunque los padres quieran parar, ellos no se lo permiten».

«Los padres están ansiosos, pero los hijos lo están a un nivel más profundo que ellos, porque estamos en un momento en el que los chicos se sienten demasiado cómodos sintiéndose ansiosos: es como si este estrés constante se hubiera normalizado», ratifica Stella O'Malley.

Emily Harper, maestra y con un doctorado sobre la historia de la educación, también correlaciona la ansiedad de los hijos con la de los padres. Progenitores, recalca: «Preocupados por la posición de sus hijos en una carrera hacia lo que parecen unos recursos cada vez más escasos». Esta incertidumbre provoca la ansiedad, que es debidamente transmitida a los hijos. «Tanto para los padres como para las escuelas, resulta muy difícil decir "paremos", por este miedo al futuro. Así, estas preocupaciones se retroalimentan», alerta.

Pero ¿hasta qué punto es normal sentir ansiedad o estrés cuando uno crece? ¿Dónde se marcan las líneas entre un problema del día a día y un trastorno?

La psicóloga Leticia Escario es de la opinión de que se está hiperdiagnosticando a los niños y adolescentes, convirtiendo los problemas cotidianos en problemas mentales. «Hay una medicalización de la psicología que es exagerada», afirma. La psicología, aclara, no trata enfermedades sino que trata unas personas a las que les pasan cosas: «Y hay cosas que son muy naturales que les pasen. Es natural, por ejemplo, que una persona tenga miedo y que tenga ansiedad. Es algo que te acompaña a lo largo de la vida, que está salpicada de ocasiones en las que participa una ansiedad: de coger un avión a presentarte a un examen».

Escario cree que la ansiedad puede ser, incluso, saludable: «Es una defensa, un aviso, una información, y es importante que hagas uso de ella, siempre y cuando esté dentro de unos límites que puedas soportar. Si empieza a desmadrarse ya te está limitando la vida». Pero, insiste, es algo normal en todos los procesos evolutivos. «Lo que deberíamos preguntarnos es cómo se está recogiendo esta ansiedad en los entornos familiares y escolares. ¿Se está haciendo pedagogía, explicando que eso es algo natural, que acompaña a una persona y puede superarse? ¿O ya se está poniendo el protocolo de turno, que habitualmente implica el uso de medicación, para combatirla?

La diagnosis excesiva de los niños es otra de las derivadas de la hiperpaternidad. En parte, debido a esa mencionada aspiración a ser una sociedad de «riesgo cero», en la que todo esté controlado y todo tenga una explicación. Sin olvidar que hay padres que ansían un diagnóstico[52] porque

---

52. Como el «trastorno del ritmo circadiano interrumpido», que es el justificante del psicólogo que esgrimieron unos padres para avalar las reiteradas faltas de asistencia de su hijo universitario a las clases de la mañana.

así se libran de la culpa y justifican ese malestar o ese *defecto* del hijo.

«Totalmente», coincide Leticia Escario. «Y por varias razones: no cabe duda de que vivimos una situación de poca tolerancia y de poca contención, con muchas inseguridades y muchas incertezas y situaciones complicadas. Se crea un ambiente de mucha exigencia y todo lo que tiene que ver con que el chico "no dé la talla" está produciendo un malestar.»

Un malestar que, en palabras de esta profesional, precisaría de una atención «sosegada, tranquila», de los equipos médicos. Sin embargo, esta atención muchas veces no es posible, porque no se tienen los medios para atender de este modo, para escuchar y diagnosticar con calma. «Entonces, lo más fácil es ir al protocolo; el protocolo, te *salva*», apunta la terapeuta. Se aplica de una forma generalizada y salen trastornos, como el TDAH,[53] que ha pasado de prácticamente

---

53. El TDAH –el trastorno por déficit de atención e hiperactividad– se ha convertido en uno de los diagnósticos estrella en los últimos años. De no existir, prácticamente, el número de casos en pacientes menores de edad ha aumentado de forma estratosférica en los países desarrollados. Las cifras varían pero, mientras que un estudio realizado en Holanda en 2009 determinó que uno de cada tres niños es hiperactivo; en España, la Federación de Asociaciones de ayuda por el TDAH lo cifra en alrededor de un 8%. El TDAH se trata con una medicación muy potente, el metilfenidato, similar a la anfetamina, que sirve para que los niños se concentren. Son muchos los expertos que alertan de una inflación de diagnosis de TDAH y del exceso que supone esta medicación precoz. Otros, directamente, lo tildan de trastorno inventado, alrededor del cual se ha generado un inmenso negocio.

no existir a diagnosticarse a diestro y siniestro. «En consecuencia, lo más fácil es medicar y te encuentras con niños de tres, cuatro años, ¡con TDAH!», resume escandalizada.

Conclusiones

* Ser hiperpadres (en especial, hipermadres) afecta seriamente al bienestar familiar. Provoca un estrés comprobado académicamente: existen estudios que detectan niveles de infelicidad, ansiedad e insatisfacción por encima de la media en las familias que practican una crianza intensiva. Tanto en los padres como en los hijos.
* Una de las causas de este estrés es la profesionalización del rol de la madre y la búsqueda de la *perfección* en este papel. Asimismo, tener hijos ha dejado de verse como una parte «normal» de nuestras vidas para convertirse en fuente de plenitud existencial, con la presión que eso implica para todos.
* Para muchos padres resulta difícil bajarse del tren de la hiperpaternidad, pese a ser conscientes de que sus hijos no están bien. «Se ven incapaces de darle al botón de *stop* porque tienen miedo de que pierdan comba», dice Emily Harper, maestra. Al final, reflexiona: «Serán los propios hijos los que lo hagan, a medida que crezcan». O no. Ya está pasando que los propios chicos interiorizan este estilo de vida y son ellos los que no pueden parar.
* No hace falta ser psicólogo para saber que la ansiedad de los padres se transmite a los hijos. Una ansiedad que en

ellos puede ser más profunda y de la que cuesta más salir. En gran parte por la ya tantas veces mencionada baja tolerancia a la frustración de los hiperhijos, acostumbrados a que sus padres les resuelvan todo por sistema. «A mí me dijeron que era mi tarea tirar para adelante en este mundo, a ellos les han dicho que es tarea del mundo hacerles sentirse mejor, así que esperan que alguien se lo vaya a solucionar», sintetiza Stella O'Malley.

- Numerosos expertos alertan de que se está hiperdiagnosticando y medicando a los niños y adolescentes por malestares que pueden superarse por otras vías. Estados como la ansiedad, que debidamente gestionada puede incluso resultarnos útil, se medicalizan. Por no hablar de trastornos como el déficit de atención e hiperactividad (TDAH), que cada vez se diagnostica a más niños y más precozmente. Hay que apostar por una atención tranquila y personalizada en vez de aplicar el protocolo médico a la mínima de cambio.

7.

Hiperpadres y escuela

Los hipertutores

La elección de escuela para los hijos es uno de los momentos álgidos de la hiperpaternidad. Si para los padres «estándar» esta ya es una decisión importante, para los hiperpadres resulta un verdadero trance. Se dedican ingentes cantidades de tiempo y esfuerzo para encontrar el colegio perfecto para ese hijo perfecto. Se hacen *excels* comparativos, se va a las jornadas de puertas abiertas habidas y por haber e, incluso, se realizan largas reuniones *tête-a-tête* con los directores de los posibles centros.

En ocasiones, se llega a falsificar direcciones y/o certificados médicos para conseguir más puntos.

Se sufre mucho, muchísimo, pero al final se elige el colegio y se matricula al hijo.

En algunos casos, la cosa queda ahí: el niño va a la escuela escogida y los padres se quedan tranquilos. Sin embargo, esta actitud es cada vez menos habitual. Porque tras la primera fase híper del proceso de matrícula se suele entrar en una segunda fase híper –en especial, durante la primaria–: el control de la escuela.

No me malentiendan: la colaboración entre familias y escuela es fundamental. En este siglo, ambas deben de ir de la mano. Lo dicen la UNESCO, la pedagogía más «convencional» y la «nueva pedagogía». Lo dicen los padres y las propias escuelas, quienes saben que funcionan mejor con familias comprometidas y colaboradoras. «Como afirma el escritor y gurú educativo Richard Gerver, "la escuela del siglo XXI no debe educar para las familias sino con las familias"», señala Óscar González, maestro y fundador de la Alianza Educativa: un proyecto que tiene como objetivo mejorar las relaciones entre las familias y los centros.

Así, en los últimos años, la implicación de los padres en el colegio de sus hijos se ha normalizado, convirtiéndose en mucho más activa. Más allá de la reunión anual con el tutor y la asistencia al festival de fin de curso –como hacían nuestros progenitores–, los padres de hoy participan en la vida escolar. Tanto a nivel social[54] como organizativo.

También se comunican con mucha más frecuencia con los maestros: ya sea a la hora de recoger a los niños, por teléfono e, incluso, vía correo electrónico o WhatsApp. Algunos también entran en las aulas: en mucho colegios se invita a los padres a que den charlas sobre sus profesiones en la clase de

---

54. Y no solo a nivel de «fiestas-del-cole»: para muchas familias, la escuela se ha convertido en una fuente para una estimulante nueva vida social, con cenas de padres, excursiones, fines de semana en casas rurales… En cierto modo, los grupos de padres de los compañeros de clase de los hijos se han convertido, para algunos, en el sustituto del clásico «grupo de verano», que está en declive.

sus hijos. Asimismo, a través de las asociaciones de familias y del consejo escolar, los padres participan en la toma de las decisiones más importantes vinculadas al centro.

La escuela a medida

Sin embargo, el deseo –obsesión incluso– de algunos padres de conseguir que el mundo se adapte a sus hijos ha hecho que algunos aprovechen esta apertura de los centros para entrar en la escuela sin demasiadas contemplaciones. En consecuencia, la presión de ciertos progenitores sobre los centros es cada vez mayor. En especial, los que tienen asociaciones de padres y madres (*ampas*) potentes. Y ello puede conllevar beneficios, sí, pero también, problemas. Porque, pese a su labor positiva, las *ampas* a veces pueden ser plataformas para que algunos progenitores hagan lo que ellos quieran para favorecer a sus hijos en particular y no a la comunidad escolar en general. El poder de los padres puede convertirse también en una fuente de problemas, ya que puede darse el caso de que algunas de sus reivindicaciones no se fundamenten en principios objetivos. Como me explicó[55] Josep Manuel Prats, de la Federación de Asociaciones de Padres y Madres de Escuelas libres de Catalunya: «La educación requiere siempre lo mismo: tiempo y cooperación con el cole-

---

55. «Escuela y familia, ¿me meto demasiado?», revista *Objetivo Bienestar, (agosto 2016)*.

gio, lo que es beneficioso para todos. Sin embargo, los niños se han convertido, si se permite la expresión, en un "bien escaso" y, en consecuencia, algunos padres tienen actitudes más intervencionistas o proteccionistas».

Ya conté en mi libro anterior algunos de estos ejemplos de actitudes «intervencionistas». Desde madres que se han metido en el *ampa* para diseñar el menú de acuerdo con lo que les gustaba a sus hijos a progenitores que organizan extraescolares o actividades también basadas exclusivamente en los gustos de unos pocos, que no siempre redundan en el bien común.[56] En ocasiones, los padres también exigen que se les asigne a sus hijos determinado profesor o pueden hacer presión para que se expulse a uno e, incluso, se intervenga sobre el equipo directivo.

El alumno siempre tiene la razón

En la nueva relación familia-escuela, otro cambio importante es que, si antes el profesor siempre tenía la razón, ahora es a la inversa. Hoy, lo que dice el niño va a misa. Todo ello con

---

56. Viví un ejemplo muy cercano: la extraescolar de «percusión en familia» en la escuela de primaria de mis hijos. Pese a la bajísima demanda (muy lógica: se trataba de pasarse una hora –viernes tarde– aporreando tambores de diferentes tamaños, causando un ruido ensordecedor); se organizó durante un curso. No era viable económicamente, pero no pasaba nada, se pagaba con los beneficios de las extraescolares que tenían superávit. Acudían, literalmente, cuatro familias. Todas ellas eran *altos cargos* de la Asociación de Madres y Padres de Alumnos de la escuela.

el impulso de las nuevas tecnologías a nuestro alcance, que consiguen dar mucha más repercusión a críticas, exigencias o reivindicaciones que, sin estos medios, serían minoritarias.

Dentro de estas tecnologías punteras destacan –con vida propia, casi– los grupos de WhatsApp del cole. De hecho, se han convertido en una de las herramientas más polémicas del entorno educativo. En gran parte debido a su poder de intromisión y al mal uso que se hace de ellos. Y es que estos grupos no son solo una manera ideal de ejercer de padres-secretarios y/o sobreprotectores, sino que también, como señala Óscar González: «Se convierten en un espacio para el cotilleo, la crítica, el desencuentro con el profesorado, etc. En muchas ocasiones, en lugar de aprovechar esta fantástica herramienta acabamos haciendo un mal uso de la misma».

Gracias al WhatsApp, algunos acaban ejerciendo de progenitor-trol; ese «temible miembro de una mítica raza antropomorfa del folclore escandinavo» (como describe Wikipedia) que ha mutado a ese individuo que «publica mensajes provocadores, irrelevantes o fuera de tema en una comunidad *on-line* […] con la principal intención de molestar o provocar una respuesta emocional negativa en los usuarios y lectores». Los fines del trol son diversos. Destacan, sin embargo, «la propia diversión» o «alterar la conversación normal en un tema de discusión, logrando que los mismos usuarios se enfaden y se enfrenten entre sí».

El *troleo* en la escuela ya es una realidad –quiero creer que minoritaria, pero real– que provoca más de un dolor de cabeza tanto a los docentes como al sector de padres más dispuesto a colaborar en positivo.

Porque, como me señaló Carl Honoré,[57] la colaboración de los padres en la escuela puede ser «un arma de doble filo». Por un lado, puede ser beneficiosa en aspectos como mantener la calidad de los maestros o mejorar cosas concretas del centro. Sin embargo, «el problema surge cuando los padres se involucran de forma excesiva, lo que cada vez es más habitual».

Honoré considera que las familias deben estar comprometidas con la escuela pero, cuando el compromiso se transforma en intromisión: «Entonces todo el mundo sufre, porque se crea una atmósfera de conflicto entre padres y maestros». Además (¡de nuevo!): «Se roba la autonomía a los hijos, ya que cuando los padres van de arriba para abajo creando el ambiente perfecto para sus hijos, estos no aprenderán nunca cómo encajar con el mundo como es realmente. Pueden perder las ganas de librar sus propias batallas y de defender sus propias convicciones».

Y es que el alumno, insisten los expertos, será el gran perjudicado si se da una relación de confrontación entre padres y escuela. «Los estudios indican que si las familias se implican de forma adecuada, los niños permanecen más tiempo en el sistema educativo y mejoran sus resultados. Un alejamiento de las familias propicia y favorece el temido fracaso y abandono escolar», advierte Óscar González. Por ello, este experto considera que padres y docentes: «No podemos per-

---

57. Carl Honoré, *Bajo presión*, RBA, 2008.

mitirnos perder el tiempo en el enfrentamiento sino todo lo contrario: debemos buscar vías de colaboración».

Y en este camino hay unas líneas rojas que no deberían traspasarse nunca, como hacer uso de un doble lenguaje («Por delante del profesor hablo de una determinada manera pero luego, por detrás, hablo de otra», ejemplifica). Ni, por supuesto: «Las faltas de respeto y amenazas que algunos docentes reciben por parte de padres, equívocos abogados de sus hijos».

«Cada uno tiene su rol», sintetiza Josep Manuel Prats. «Los padres debemos ser padres. Ni amigos, ni colegas, ni guardaespaldas, ni abogados de los hijos. Y los maestros son sus maestros. No otra cosa. Como dice el refrán, cada uno en su casa.»

Hipertutores: una figura emergente

Estas ansias de comunicarse intensamente con la escuela y de saber qué hacen los hijos a todas horas está derivando en una nueva figura en la educación: la de los hipertutores. Maestros que, como hacen los hiperpadres, atienden a los alumnos con un celo excesivo, sobreprotegiéndolos y justificándolos por sistema.

Me contactaron para hablarme de esta nueva figura dos profesoras de secundaria. Ambas la habían detectado en sus centros y ambas la achacaron a la irrupción de los hiperpadres en la escuela. «Esto ha hecho que se esté normalizando tener no solo el correo electrónico, sino también, el móvil, y no solo de los tutores sino de los profesores de las distintas asignaturas.» Unas vías de comunicación que, me explicaron, los padres utilizan sin complejos: «Mandan correos semanalmente a los tutores y se creen con derecho a llamarte a cualquier hora y has de estar disponible». Lo curioso, dicen: «Es que una parte del profesorado sigue estos patrones y están pendientes a todas horas tanto de los padres como de los hijos».

Son los hipertutores. Un perfil de maestro que aboga por el «pobrecito, pobrecito», el «no pasa nada» y «dejemos pasarle también esta». Tutores que hablan de los alumnos como si fueran suyos y que necesitan saberlo todo de estos: «Y yo creo que no es necesario tener este exceso de información, porque lo que ocurre es que, muchas veces, se trabaja desde la compasión y no desde la resiliencia-superación», me comenta una de las docentes.

De este modo se establece un vínculo que no separa a la familia del especialista y que suele tener un fin: que el alumno apruebe o se salga con la suya. «Estamos de acuerdo en que a los estudiantes se les ha de acompañar y defender cuando haga falta pero: ¿para eso es necesario mantener conversaciones telefónicas de forma habitual con los padres desde nuestra casa? Creemos que no.»

El problema del tutor hiperprotector, explican, es que, «desde la buena fe, sin duda», se infantiliza mucho al adolescente. «Los ponen en una burbuja tan grande que es imposible que puedan aprender cómo funciona realmente la vida.» Y, precisamente en la secundaria, uno de los objetivos es potenciar la autonomía, de cara a la universidad y el mundo laboral: «Es paradójico, porque por un lado existe este discurso pero la realidad es bien diferente, ya que se les hace *todo*; hasta rellenarles los formularios de las pruebas de acceso a la selectividad en bachillerato». Teóricamente, este alumnado no necesita esta ayuda extra «pero se lo hacen, igualmente».

Personalmente, me parece muy significativa la figura de los hipertutores, aunque no deja de ser un fenómeno en sintonía a los tiempos que corren, en los que impera la sobreprotección y en los que la baja natalidad hace que la competencia entre centros sea cada vez más feroz. Por todo ello, si hay escuelas donde existen este tipo de docentes, hiperentregados, las familias con dinámicas sobreprotectoras se inclinarán por estas. «Todo este fenómeno también va acompañado, en mi opinión, de estos movimientos de renovación (la nueva escuela) que están sacudiendo los centros; se trata de estar contento y de dejar contento al cliente. A mí me suena a *marketing*», resume una de las docentes.

Conclusiones

• La colaboración entre familias y escuelas es fundamental. Ambas han de compartir objetivos comunes y la escuela no puede levantar «barreras» que impidan la participación de las familias. Una comunicación eficaz de lo que ocurre en el centro es esencial tanto para su buen funcionamiento como para mejorar el rendimiento escolar global.

- Esta participación ha de ser inclusiva: a veces, ocurre que son una minoría de familias las que tienen la línea directa con la escuela o manejan la asociación de padres y madres a su antojo. Los centros que afrontan los retos de comunicarse con los padres que no pueden asistir a las reuniones o hablan lenguas distintas, tienen un mejor rendimiento global.

- Los padres han de ayudar a sus hijos a desarrollar actitudes positivas hacia el aprendizaje, además de buenos hábitos de trabajo. Asimismo, jamás deberían criticar a la escuela delante de los hijos. Si algo no les gusta, deberían hablarlo con el centro, pero no con los hijos ni con los otros padres en la puerta del colegio ni vía redes sociales.

- ¡Ojo con el grupo de WhatsApp del cole! El sentido común (que a veces parece ser el menos común de todos los sentidos) es la herramienta que debemos utilizar para gestionarlo. Óscar González lo resume en tres filtros: «Antes de teclear, pensar en la verdad, la bondad y la necesidad de lo que se va a decir». Y recuerde: si el grupo le resulta un agobio, no pasa nada por salir de él.

- Y para acabar: un estudio[58] realizado a 25.000 alumnos de Estados Unidos evidenció que hablar de la escuela en casa (conversaciones entre padres e hijos sobre las actividades escolares, los compañeros y el contenido curricular) incide más en el rendimiento académico positivo de estos que cualquier otro abanico de medidas parentales.

---

58. «El papel de las familias en la mejora de la escuela y del sistema educativo», conferencia de Annie Kidder en Barcelona, noviembre de 2013.

8.
Hablan los docentes

Desde que publiqué *Hiperpaternidad*, a principios de 2016, no he parado de hablar de hiperpadres e hiperhijos. Tanto a través de artículos y entrevistas en la prensa nacional –y de América Latina, donde el libro despertó un gran interés–, como en charlas en colegios de toda España: de Murcia a Madrid, de Lérida a Logroño, de las Palmas a Barcelona.

Escuelas, todas ellas, estupendas. Si algo he detectado en estos dos años es que no hay escuelas «malas». Hay escuelas diferentes, sí, pero todas tienen algo en común: el entusiasmo, el compromiso y la vida. Una especie de biología propia, compuesta por una poderosa mezcla integrada por el componente humano –alumnos, maestros y resto de trabajadores del centro– y sazonada por el particular olor que tienen sus espacios, por el color de las decenas de manualidades que tachonan las paredes y por la presencia de objetos comunes, como son las pizarras, los libros, los cuadernos, los lápices y, también, las computadoras. Independientemente de su tamaño y estilo, las escuelas son lugares que rebosan conocimiento, ilusión y proyectos. A mí me encantan.

Después de la familia, las escuelas son los lugares donde más incide la hiperpaternidad actual. En más de una, al llegar el día de la charla o después de ella, me han comentado lo siguiente: «Notábamos que algo había cambiado en la forma en la que los padres están educando a los hijos y en la forma de relacionarse con nosotros, pero hasta ahora no sabíamos darle nombre».

Por ello me pareció interesante dedicar un capítulo de este libro a los docentes. Para que comentaran en qué consisten estos cambios, cómo son hoy los alumnos y las familias y cómo creen que deberían relacionarse. Sin olvidar el cómo están impactando los cambios relacionados con lo que algunos llaman «el tsunami» de la nueva pedagogía, que pone al niño en el centro de su aprendizaje.

¿Qué cambios más destacables han percibido en los padres y en los alumnos?

David Rabadà Vives (profesor y responsable de prensa del sindicato Professors de secundària «aspepc·sps»): «Padres con demasiada intromisión en el centro y menos dedicación en casa. Los padres creen que saben más que los docentes y la interferencia profesional va creciendo. También me parece que están muy influenciados por la nueva pedagogía, con mantras como educar las habilidades y no el conocimiento. Pero el gran problema es que la mayoría de alumnos que fracasan lo hacen por la falta de implicación de los padres en normas, estima y rutinas en casa».

María José Bello (directora Colegio CEU San Pablo Montepríncipe, Madrid): «Fundamentalmente, el concepto de maestro ha variado. Ahora somos animadores de tiempo libre, conciliadores entre los padres de nuestros alumnos, enfermeros... ¡Hacemos de todo! Los padres se preocupan en exceso si ven a sus hijos tristes. Ellos pasan mucho tiempo trabajando, llegan cansados a casa y no quieren problemas, quieren ver a sus hijos felices. La actitud del alumnado también es distinta y se refleja en la falta de esfuerzo, y en que no saben superar las dificultades. Los niños se agobian si a la primera no les sale».

Coral Regí (directora escuela Virolai, Barcelona): «En los últimos años nos encontramos con familias que, por temas laborales o personales, han planificado con mucho detalle la llegada de sus hijos. Esto genera muchas expectativas respecto a estos y, también, mucha planificación y organización previas. Estas premisas –que, de entrada, no han de ser negativas– generan una tensión añadida a la tarea de ser padres que, junto con el problema que existe para aceptar la frustración en la sociedad actual, puede dificultarla. Desde la escuela hay que acompañar a las familias en el baño de realidad que implica descubrir toda la riqueza que implica ser padres».

Sandra Vidal (educadora social del Departamento de Educación de la Generalitat de Catalunya): «La forma en la que atiendo a las familias ha cambiado mucho en los últimos años. Por un lado, frente a cualquier actuación con el alumno, los padres han de acceder a toda la información. Controlan en exceso la vida de sus hijos y no dejan que sean estos los que se expresen si ellos están delante. Por otro lado, puedo atender a la misma familia hasta veinticinco veces durante el curso por problemas que no son graves sino del día a día: padres que piden menos deberes, porque los hijos "se estresan" o que llaman porque su hijo no sabe apuntar las tareas en la agenda o porque el compañero de mesa le ha cogido una goma. Detecto que la sobreprotección es una necesidad de los padres, no de los hijos, y que se da tanto en la primaria como en la secundaria».

Belén López Cambronero (directora del Colegio CEU San Pablo Murcia): «Estamos viviendo un momento social lleno de situaciones difíciles, nuestros trabajos se desarrollan a un ritmo frenético, pero los niños requieren atención, cariño y dedicación. Y los padres, cuando llegan a casa, no quieren el más mínimo problema. Si se los dan, es culpa del colegio… Por supuesto, en el centro se han podido equivocar en algo, pero nunca se debe cuestionar delante de un niño el trabajo de un maestro; es cuestión de hablarlo y tratarlo entre familia y colegio. Detectamos también niños que carecen de normas en casa y que, sin embargo, distinguen bastante bien cómo debe ser su comportamiento en clase. Somos testigos de cómo cambian cuando están con sus padres, parecen otros».

Como docentes, ¿suscriben que hemos pasado del «hijo, pórtate bien en la escuela» al «hijo, pásatelo bien en la escuela»?

Alberto Royo (profesor de secundaria y escritor):[59] «Sobre todo, creo que hemos pasado del "haces lo que yo te digo y a callar" al "dime qué te apetece hacer". Las dos posturas son absurdas».

Magda Martínez (profesora de secundaria): «Creo que este "pásatelo bien" está directamente relacionado con el "no hace falta que te esfuerces", porque esto implica "no pasarlo bien". Se ha perdido el valor del esfuerzo pero, a la vez, muchas de estas familias son las que más cuadernos de vacaciones compran y envían a sus hijos a más extraescolares… Es como una competición. Hay una cierta incoherencia entre el "pásalo bien en el colegio" (que en muchos casos equivale a "no trabajes") y, después de clase, llenarles las tardes haciendo actividades».

Belén López Cambronero: «El cambio social que estamos viviendo nos está llevando a un modelo de padres mucho más protectores, que quieren evitar a toda costa cualquier contratiempo en el día a día de sus hijos, tanto en el colegio como en cualquier otro ámbito. Pero si "pásatelo bien" significa "haz todo lo que quieras, no hay ninguna norma", las

---

59. *Contra la nueva educación* y *La sociedad gaseosa*, Plataforma Editorial.

consecuencias son nefastas. Por supuesto que, con ese lema, la autoridad ante el niño queda muy mermada, pero al final el gran perjudicado es el alumno».

David Rabadà Vives: «La pedagogía actual defiende que el centro educativo sea el lugar donde el alumno se sienta siempre feliz, independientemente de la adquisición de conocimientos. Esta tendencia crece también entre las familias: un ejemplo son las asociaciones en contra de los deberes».

Coral Regí: «No creo que sean actitudes antagónicas. Hay que educar a los hijos para que se porten bien; hace falta marcarles límites que los ayuden a crecer en un entorno positivo y seguro. Pero también hay que mostrarles, con ejemplaridad e intencionalidad, que portarse bien, renunciar a la satisfacción inmediata y egoísta, nos hace más felices y mejores personas».

María José Bello: «A lo largo de los años, aprecio que los padres han pasado de valorar los resultados de sus hijos (que sacaran sobresalientes era el objetivo) a valorarles más el proceso al que llegan para llegar a esos sobresalientes, por ello el "hijo, pásatelo bien en la escuela"».

¿Por qué creen que se ha producido este cambio?

Alberto Royo: «No hay una sola razón. Puede que los padres hayamos dudado demasiado y nuestros hijos, como nuestros alumnos, necesitan que tengamos ideas claras y convicciones. Puede que nos falte naturalidad a la hora de admitir que ni nosotros ni nuestros hijos ni nuestros alumnos son o somos inmejorables (que "nadie es perfecto", como diría Billy Wilder). Quizás es el hecho de que las dificultades para conciliar la vida familiar y laboral han generado un gran estrés en unas familias, que no terminan de confiar en la escuela y pretenden suplir la falta de tiempo que pasan con sus hijos con una sobreprotección que no les beneficia. Pienso también que se dramatiza demasiado: "los deberes roban la infancia", "los exámenes son crueles", "la escuela es opresiva"…».

Belén López Cambronero: «En mi opinión, se debe a múltiples factores, como el aumento de edad en los progenitores actuales, los problemas de fertilidad que hacen que se "ansíe" ese niño y que se incrementen todas las expectativas sobre el mundo perfecto en el que vivirá. Sin olvidar la rapidez en la que nos movemos y gestionamos las cosas, que deriva en no querer abordar con paciencia los problemas».

Magda Martínez: «Creo que tiene mucho que ver con los miedos de los padres: miedos a que sus hijos sean "menos que", miedo a fracasar, a que pase situaciones de acoso escolar… Existe mucha incerteza hacia el futuro y nos recreamos en ella. La llamada "nueva escuela" también es portadora de esta incerteza, ya que su discurso pasa o se inicia en la inseguridad sobre el futuro laboral de los hijos».

David Rabadà: «La actual pedagogía implica que el alumno se lo pase bien antes que aplicar cualquier esfuerzo para aprender lo que sabe el docente. Esta idea de primaria está invadiendo secundaria e, incluso, la universidad».

¿En la escuela hay que aprender, portarse bien o pasarlo bien?

Alberto Royo: «Aprender tiene que ser el objetivo. No es incompatible con pasarlo bien, pero esto es circunstancial. Primero, porque no todos los contenidos que uno ha de aprender son divertidos; segundo, porque aprender aquello que nos resulta arduo es una gran lección y un reto de superación personal; tercero, porque el conocimiento no siempre proporciona un placer inmediato ni superficial sino un enriquecimiento personal a medio o largo plazo. Desde luego, el buen comportamiento es imprescindible, desde el punto de vista práctico, pero también desde una perspectiva ética».

Belén López Cambronero: «Creo que esas tres cosas no son en absoluto excluyentes. Se pueden aprender conocimientos e interiorizar valores y comportamientos adecuados, pasándolo bien y disfrutando con ello. Ser felices en el entorno escolar hará que los niños multipliquen sus rendimientos, desarrollando al máximo su potencial. Por supuesto, esto no está reñido con seguir unas normas, necesarias precisamente para poder desarrollar la vida colegial. Los niños necesitan y demandan esas normas».

Magda Martínez: «Creo que la fórmula debería ser "venimos a aprender pasándolo bien y nos lo pasamos bien aprendiendo". Tanto los alumnos como los maestros. Aquí entra también la motivación, pero esta motivación no ha de surgir solo de los maestros sino también de las familias. Una manera de conseguirlo es dejar de "culpar" o "responsabilizar" al sector educativo de las frustraciones que muchos padres y madres tienen respecto a sus hijos».

María José Bello: «Pienso que en la escuela hay que aprender, el niño tiene que formarse en unos conocimientos y en unos valores de respeto y colaboración; por ello: portarse bien. Al mismo tiempo pienso que en la escuela los niños se lo pasan muy bien aprendiendo y relacionándose con sus compañeros».

¿Cómo ha influido la corriente de la «nueva escuela» en estos cambios de actitud?

Alberto Royo: «Desafortunadamente, hoy el conocimiento está desprestigiado. Y de esto no tienen culpa los adolescentes. Que ellos se interesen más por el *youtuber* de turno es hasta cierto punto lógico. Lo que no es sensato es que los propios adultos pretendan, justifiquen o respalden el planteamiento según el cual hay que adaptarse a los intereses y motivaciones de los estudiantes. Suelo decir a mis alumnos cuando comienzo el curso que el mayor acto de rebeldía que pueden plantearse es estudiar y formarse lo mejor posible, que la mejor manera de disponer de herramientas para tomar las riendas de tu vida, adquirir espíritu crítico e impedir que nadie pueda manipularte, es *saber*».

Coral Regí: «Si entendemos la nueva escuela como una escuela centrada en el alumno y en el aprendizaje, esta requiere niños y niñas que se responsabilicen, que sean más autónomos. Este implica que, como docentes, los eduquemos en la autosuperación, en establecer retos que nos hagan crecer y aprender, que es la mejor manera de disfrutar de la vida. No es un disfrute *happy*, es un disfrute de felicidad integral, de cumplir con el deber de colaborar. La escuela debe enseñar a los alumnos a pasar del "yo en el centro y ya" al "nosotros y sé esperar"».

Magda Martínez: «Creo que, de entrada, estas nuevas corrientes son más de *marketing* que pedagógicas: hoy queda muy bien enviar a tu hijo a un centro "innovador". Los defensores de esta corriente nos hablan de una escuela del siglo XIX que no hemos conocido y que ya no existe. La innovación no debería ser sinónimo de exclusión y se están excluyendo métodos igualmente buenos y validos tan solo porque se consideran "anticuados". Y creo que, bien combinados, pueden ofrecer buenos resultados. El peligro es que, al final, somos tan innovadores y estamos metidos en tantos y tantos programas que nos olvidamos de la parte más importante: ¿qué bien les estamos haciendo a los alumnos?».

¿Cuál debería ser la relación idónea entre familia y escuela?

María José Bello: «Una relación de colaboración, de ayuda mutua, una relación franca, en donde tanto padres como profesores puedan sentarse y hablar sobre la educación de sus hijos. Una relación no basada en reproches ni en descalificaciones personales, donde prime el bien del alumno y la consecución de sus objetivos para una buena preparación académica y humana enfocada al servicio del bien común».

David Rabadà: «De colaboración pero, especialmente, en casa: en el consejo escolar a menudo nos encontramos con padres inexpertos, que no conocen la profesión del enseñante, pero que se quejan mucho del centro e, incluso, de lo que ellos no hacen en casa, que es estar por los hijos. Faltan más familias con tiempo de calidad en casa con sus hijos y sobran progenitores prepotentes en los centros».

Belén López Cambronero: «Tiene que haber una confianza mutua imprescindible para lograr el éxito en la educación, que se consigue con una comunicación fluida entre padres y profesores. Tanto las familias como el colegio deben ir unidos en este sentido para que los niños no detecten contradicciones, que solo les van a hacer daño».

Magda Martínez: «Escuela y familia han de ir de la mano pero cada uno tiene un papel y, a menudo, hay padres y maestros que se interponen en las funciones del otro. Una relación sana, que pase por el respeto y la confianza, especialmente de la familia hacia la escuela. Una familia que semana a semana tiene problemas y ha de enviar notas y llamar y acudir a dirección… No tiene confianza en la escuela».

Coral Regí: «Hoy más que nunca la educación y el aprendizaje son una continuidad y esto requiere una labor conjunta y coherente entre familia y escuela. Las familias, como primeras responsables, y la escuela, como profesionales de la educación, hemos de garantizar la comunicación y trabajar de forma conjunta. Asimismo, como escuela tenemos que hacer ver a las familias que sus hijos necesitan un acompañamiento que les permita crecer de forma autónoma. Se trata de estar siempre a su lado para apoyarlos pero no estar sobre ellos, impidiendo que crezcan».

9.
Ser feliz requiere carácter:
Las otras habilidades
en la educación

El chiste representa una clase de primaria. La maestra, desde su pupitre, les anuncia a sus alumnos lo siguiente:

–¡Niños, hoy vamos a aprender código informático! Es importante para tener un futuro próspero.

Una alumna le responde:

–Profesora, después del código informático: ¿Podemos aprender a cómo sobrevivir en una civilización amenazada por el colapso de sus ecosistemas y el aumento del nivel de los mares, por la agitación geopolítica, los conflictos armados y el incremento de la polarización ideológica, además del apetito material insaciable de los humanos?

Da en el clavo: la educación no solo implica la adquisición de conocimientos puros y duros sino, también, de herramientas para implementarlos. A estas herramientas se las conoce como «el carácter».

En una entrevista, el filósofo José Antonio Marina me resumió la educación como «la suma de la instrucción –los conocimientos adquiridos– y de la formación de carácter». Es decir, los recursos para ejecutar esa instrucción, como son la constancia, el esfuerzo y la capacidad de frustración.

Gregorio Luri, también filósofo y maestro, me definió la educación en términos parecidos: «La educación es un proceso de formación de carácter interno; de creación. Aprender cosas no significa adquirir herramientas para ganarte la vida, sino para hacerte a ti mismo de una determinada manera».

Carácter es una palabra con muchas acepciones. Para el diccionario de la Real Academia tanto puede ser «el conjunto de cualidades o circunstancias propias de una cosa, una persona o de una colectividad que las distingue de las demás» como «la fuerza y elevación de ánimo natural de alguien, firmeza, energía». Yo me quedo, sin embargo, con otra definición, algo menos técnica, de la ensayista Joan Didion. Para ella, el carácter: «Es la disposición de aceptar la responsabilidad de la vida de cada uno: la fuente del respeto hacia uno mismo». Un «carácter» cuyos rasgos formamos por dos vías: la heredada y la adquirida. De esta mezcla surge la esencia de cada uno.

En unos tiempos algo revueltos, es importante educar el carácter: dar a nuestros hijos unas habilidades más allá de las puramente académicas para así poder lidiar mejor con esas sorpresas e inconvenientes que la vida nos depara. Obstáculos tanto a nivel global como local. Algunos que se me ocurren —así de pasada— son el cambio climático, el paro y la desigualdad social, la presidencia de Trump y de otros siniestros personajes afines, la contaminación atmosférica de nuestras ciudades, los procesos independentistas, el ruido, la enfermedad, el *bullying*, los exámenes, un desengaño amoroso, las colas en la autopista…

Y es que ser feliz requiere de carácter. De una cierta fortaleza. Factores que son clave en la educación y que ha estado *demodé* en los últimos años, pero que se empiezan a reivindicar. No en vano los expertos detectan una brecha entre lo que la mayoría de los estudiantes aprenden y lo que necesitan para salir airosos en sus entornos familiares, académicos, sociales y laborales.

Este capítulo lo dedico a recopilar algunas de las destrezas básicas —las competencias no únicamente académicas—, para construir ese carácter que nos ayude a transitar por la vida.

AUTONOMÍA: Enseñar a los hijos a ser autónomos es la némesis de la hiperpaternidad, el antídoto al *hiponiño*. Si han llegado hasta estas páginas del libro, habrán detectado que es una cualidad esencial, que aparece de forma recurrente. Y es que una persona autónoma no solo es capaz de aprender las cosas sin depender de los otros sino, también, de resolver problemas. Es una persona más libre.

«Para mí la autonomía, el que los adolescentes se sientan dueños de su propia vida, es la habilidad más importante», reitera la psicóloga Stella O'Malley. Ella está cansada de ver chicos y chicas que son como «marionetas de sus padres», que no han tenido nunca una experiencia de independencia o de satisfacción por un trabajo bien hecho. «Han sido privados de la experiencia de poder decirse a uno mismo: me he impuesto un reto y lo he hecho yo solo, que es algo fundamental para el desarrollo.»

Y es que, como señala la pedagoga Heike Freire,[60] que fue directora de la revista *Cuadernos de Pedagogía*, hay que tomar conciencia de que sin autonomía no hay autoestima. «Si no fomentamos que los hijos hagan las cosas por sí mismos, no se sentirán capaces y no se valorarán.»

«Sí, sentirte capaz, tener claro lo que quieres, hará que disfrutes más de la vida», ratifica la psicóloga Carlota Iglesias, terapeuta familiar. Y somos los padres, explica, los primeros en empezar a ayudarles a construir esta habilidad fundamental. ¿Cómo? Confiando —en ellos y en nosotros— y dejando ir; no controlando ni asistiendo cada paso que den. Estando a su lado para apoyarlos, sí, pero no encima suyo, impidiendo que crezcan y desarrollen su autonomía.

Sin olvidar que, para llegar a la autonomía, es fundamental tener una herramienta que también está algo pasada de moda en estos tiempos: **la disciplina.** La reivindican, entre otros, el psicólogo Howard Gardner, artífice de la teoría de

---

60. «Es posible cuidar y proteger a nuestros hijos permitiéndoles crecer», web *Gestionando hijos*; entrevista de Elena Couceiro.

las inteligencias múltiples. Para él, la mente disciplinada es una vía para llegar a la autonomía que, en definitiva, es la capacidad de pensar por uno mismo.

VALENTÍA: Es otra cualidad de carácter fundamental. Para empezar, es el mejor antídoto contra el miedo, esa emoción básica que, si no se gestiona bien, nos fastidia la vida. Como escribió José Antonio Marina: «Hay miedos que nos protegen y miedos que nos destruyen. Estos últimos son nuestros enemigos y hay que declararles la guerra».[61]

Los miedos son muy variados y algunos pueden, incluso, resultarles casi ridículos[62] a otras personas. Sin embargo, también pueden resultar invalidantes y crónicos, un verdadero problema para el que los sufre. Como padres hemos de tener muy claro que sobreproteger es desproteger y entender que el aprendizaje de la valentía es fundamental. «En todas las culturas, la valentía ha sido la virtud más apreciada», afirma José Antonio Marina.

Heike Freire señala que hoy estamos acostumbrados al concepto de «seguridad pasiva», en el que saltan las alarmas, sí, pero no se actúa (esa característica de la sociedad sueca a

---

61. José Antonio Marina, *Los miedos y el aprendizaje de la valentía*, Ariel, 2014.
62. En mi anterior libro ya expliqué la historia de A., una amiga de mi hija que hasta los diez años no tiró de la cadena del váter, porque le daba miedo: durante todo este tiempo sus pacientes padres, cada vez que A. iba al baño, tiraban por ella de la cadena. Al final, la situación se hizo insostenible pero, gracias a un tratamiento exprés, que incluyó terapia de exposición, A. lleva ya tiempo tirando de la cadena sin sobresaltos.

la que se refería el psiquiatra David Eberhard). Ella reivindica educar en un concepto de seguridad activa, con preguntas como: «¿Qué puedo hacer yo para protegerme?, ¿cómo puedo cuidarme?». También nos anima a conversar sobre el miedo con nuestros hijos: descubriremos que son mucho más valientes de lo que imaginábamos.[63]

Existen diferentes estrategias, como las terapias de exposición, para gestionar el miedo e impedir que se convierta en una fobia. Esto es lo que sucede, como señalan los psicólogos Maribel Martínez y Miguel Herrador,[64] cuando la duración de los síntomas es, al menos, de seis meses. Ambos expertos alertan de que, si ese miedo no se resuelve, lo habitual no es solo que se cronifique, sino que aumente. Ello puede implicar que llegue al máximo nivel de ansiedad, que es el ataque de pánico. «Y cuando una persona sufre un ataque de pánico, vive presa del miedo. El miedo a sufrir otro ataque. El miedo al miedo.»

Cristina Gutiérrez Lestón me explica que cada vez tiene más peticiones de maestros de infantil para trabajar la superación de los miedos infantiles, que ella ve que van a más. «La crisis ha hecho que aumenten los miedos de la sociedad y de los padres y las madres y, en consecuencia, repercutan

---

63. Sí, los niños son mucho más valientes de lo que sus padres creemos. Me gusta recoger titulares vinculados a este coraje. Aquí van dos: «Una valiente niña de seis años se enfrenta a un atracador armado con un hacha», *La Vanguardia*, (7 de septiembre de 2016) y «La "caperucita" siberiana que desafió el frío y los lobos por su abuela», *Huffington Post* (14 de marzo de 2017).
64. Autores de *Niños sin miedos*, Tibidabo Ediciones, 2015.

en los hijos.» En La Granja se hacen actividades específicas para trabajar miedos, centradas en la identificación de estos, en tratar de concretarlos. Por ejemplo hacerle descubrir a ese niño que tiene miedo «al caballo» que no es a todo el animal, sino a «la boca del caballo». A partir de ahí, se le puede animar a acariciarle el lomo y empezar a superar ese miedo. De este modo, el miedo va haciéndose más pequeño.

Los miedos han de gestionarse. Ni ridiculizarlos ni ignorarlos ni, tampoco, maquillarlos y ocultarlos. Hay que ayudarles a afrontarlos. Contra el miedo hay que fomentar el aprendizaje del coraje, de la valentía. Es uno de los mejores regalos que podemos hacerles a nuestros hijos.

TOLERANCIA A LA FRUSTRACIÓN: Ya hemos visto en estas páginas que la llamada «baja tolerancia a la frustración» es una constante en lo hiperniños. Una constante que, al igual que el miedo, dificulta mucho la vida, así que hay que enseñar a combatirla.

¿Cómo? Fortaleciendo el autocontrol y la resiliencia y educando la capacidad de adaptación, que son competencias sociales y emocionales fundamentales. ¿No te ha salido? Vuelve a probar. ¿Te enfadas? Trata de contar hasta cien. ¿Has suspendido? El mundo no se acaba pero has de estudiar más la próxima vez. «Los hijos han de entender que se puede sobrevivir al fracaso y es importante que los padres les enseñen (¡y se crean!) que es así», recomienda la maestra Emily Harper.

«No se trata de preparar el camino para tu hijo, sino de preparar a tu hijo para el camino. No impedir que el niño se caiga, sino acompañarlo y, cuando caiga, enseñarle a levantarse», ejemplifica la psicóloga Silvia Álava Sordo. Para ella, tolerar la frustración es básico, porque las cosas no siempre salen como a uno le gustaría. «Y si como padres nos empeñamos en evitar que el niño se frustre, que no lo pase mal, no le estamos enseñando a gestionar las frustraciones. Lo que hay que hacer es analizar lo que le ha pasado y qué podríamos hacer otra vez.»

La tolerancia a la frustración estaría entre las primeras habilidades no cognitivas necesarias para la doctora Madeline Levine. «Y no soy la única que la pongo en los primeros puestos de la lista: viajo mucho por Estados Unidos y he podido entrevistarme con personas a cargo de empresas, de universidades, con líderes militares y gente con responsabilidades... Todos y cada uno de ellos me han dicho exactamente lo mismo: que la capacidad de levantarse y seguir es, junto a la empatía y la habilidad para pensar rápidamente y cambiar de idea, el talento que hoy se necesita. ¿Por qué? Porque vamos a escuchar a menudo frases como "esto no se ha hecho nunca pero tiene que hacerse", y nos vamos a tener que adaptar.»

EMPATÍA: La capacidad para identificar las emociones que sienten los demás es una habilidad clave para entenderte con los otros y, en consecuencia, hacer un mundo mejor. Sin embargo, en tiempos de individualismos feroces, está algo denostada. En su *Emocuaderno*, Cristina Gutiérrez Lestón la describe como «la base del altruismo».

La empatía se inculca a los hijos haciéndoles entender que no están solos en el mundo. ¿Cómo? Explicándoles que hay otros. Explicándoles cómo viven y sienten. Practicando un ejercicio llamado «me pongo en la piel ajena». Para ello es importante desarrollar otra habilidad necesaria hoy en día: la capacidad de pensar globalmente. Estamos en un mundo cada vez más interconectado y lo que yo hago aquí puede tener una repercusión allí. Más que nunca, las personas deberíamos ser conscientes y responsables de nuestros actos.

Un niño empático también será niño respetuoso, un valor importante en la vida y que no solo ha de inculcarse hacia las personas. Como padres estamos también obligados a enseñar a nuestros hijos a respetar a los animales, al medio ambiente, las normas y las leyes. ¿Cómo? Pues haciendo algo tan fácil como respetarlos nosotros. El «dar ejemplo», que se decía.

CURIOSIDAD: Es una habilidad que sirve de catalizador para muchas cosas positivas, tanto para aprender como para emprender. Es uno de los pilares, por ejemplo, de la tan ansiada creatividad, herramienta básica, junto a la ya mencionada autonomía, a la hora de resolver problemas. Ambas son cualidades que hoy los padres anhelan para sus hijos pero que, paradójicamente, se están ahogando en estos tiempos frenéticos de niños con agendas sin espacios en blanco, yendo de arriba abajo todo el día y pasando cada vez más horas y más precozmente frente a una pantalla.

La hiperpaternidad mata la curiosidad, porque al tener a los niños constantemente estimulados y «entretenidos», se les priva del poder parar, mirar y descubrir por sí mismos lo que les interesa. De igual modo, les priva de experimentar y poder gestionar una emoción ambivalente: el **aburrimiento**, que en buenas dosis resulta sana para los niños.

En los últimos tiempos se está reivindicando el aburrimiento, denostado en una sociedad hiperactiva, en la que el no tener tiempo –el «ir de bólido»– se ha convertido en un símbolo de estatus. Debido a ello, el que un hijo hoy pronuncie las palabras «me aburro» es visto por muchos padres como un fallo suyo. Y es que además de ser secretarios, chóferes, guardaespaldas, mayordomos y mánager, los hiperpadres también han de ser los animadores lúdico-culturales de la prole.

«Aburrirse es un arma de doble filo», me explicó la psicóloga Sandi Mann,[65] quien lleva quince años estudiando el aburrimiento y considera que de él surgen tantas cosas negativas como positivas. El aburrimiento, dice, es una emoción y, como tal, debemos identificarla y saber cómo gestionarla. Dependiendo de cómo se enfoque, tanto puede ser un acicate para hartarse de chocolate o enzarzarse en una pelea, como para ponerse a escribir un poema o empezar a reflexionar sobre la existencia.

La socióloga Teresa Belton, otra estudiosa del aburrimiento, considera que, bien gestionado, el aburrimiento actúa de catalizador para crear. Lo ha corroborado gracias a los testimonios de personas cuyas profesiones están basadas en la

---

65. Sandi Mann, *El arte de saber aburrirse,* Plataforma Editorial, 2017.

creatividad. En su estudio,[66] escritores, artistas y científicos le recalcaron el papel clave que había jugado el aburrimiento —en su infancia y en su edad adulta— para alcanzarla.

Los hiperniños necesitan tiempo para ellos, para desconectar, para soñar despiertos, para dedicarse a sus pensamientos y descubrir así sus intereses y sus capacidades. Y la respuesta, como padres, no está en llevarlos a clases de *mindfulness* o de yoga —tan de moda hoy—. Ni en darles actividades y soluciones inmediatas. La respuesta está «en crearles un ambiente tranquilo y propicio para que ellos se espabilen y busquen una salida a su aburrimiento», recomienda Belton. Hay que hacerles entender que entretenerse requiere tiempo y algo de esfuerzo, y que no implica por sistema echar mano de un aparato electrónico. Es también importante que sepan que son ellos, no nosotros, quienes han de conseguirlo.

COLABORACIÓN: En la corriente de la llamada «nueva pedagogía», ser capaz de trabajar en grupo se presenta como algo fundamental. Es una habilidad que también se requiere en el mundo laboral, donde la capacidad de trabajar en equipo es un requerimiento básico en cualquier entrevista de trabajo. Si uno busca en Google el concepto *teamwork,*

---

66. El Foro Económico Mundial —que seguramente integra a algunas de las personas más ocupadas del mundo— se hizo eco del estudio del Belton en 2016 al lanzar la campaña: ¿Queréis ser buenos padres? ¡Dejad que vuestros hijos se aburran! (www.weforum.org/agenda/2016/09/being-bo-red-is-good-for-children-and-adults-this-is-why).

aparecen millones de *links* que dan claves para desarrollar esta habilidad: webs, ensayos, conferencias, cursillos de una semana o de un día, escuelas que se enfocan en el trabajo colaborativo... Repito: ¡Millones! Existe una verdadera industria alrededor del concepto «trabajo en equipo». Por ello, no deja de hacerme gracia que teniendo al alcance de nuestros hijos la mejor herramienta para desarrollar la colaboración: **jugar**, el juego esté de capa caída en los tiempos actuales.

Jugar es la mejor actividad extraescolar que podemos fomentar en nuestros hijos: sirve para socializar, para reír (y, a veces, llorar), para aprender a ganar y a perder, para colaborar, para desarrollar la empatía, las habilidades físicas y mentales, la tolerancia a la frustración, la imaginación, la paciencia y, sí, también, el «trabajo en equipo». Jugar es fundamental para aprender a aprender, para aprender a vivir. Es un derecho de la infancia, reconocido por las Naciones Unidos. Además, es barato, y todos los niños tienen un talento innato para él.

Requiere, eso sí, de criaturas con tiempo para jugar, algo cada vez más escaso:[67] «En todo el mundo vemos a padres y madres gastando muchísima energía para darles lo mejor a

---

67. La campaña *Liberad a los niños* (www.persil.com/uk/free-the-kids.html), lanzada en 2016, revelaba que los internos de las prisiones de máxima seguridad de Estados Unidos salen al patio, al menos, dos horas al día: el doble del que pasan jugando en la calle, de media, los niños de entre cinco y doce años de todo el mundo. La campaña está esponsorizada por dos firmas de detergentes (a las que les interesa que los niños se ensucien el máximo posible y se pongan muchas lavadoras) pero, intereses comerciales aparte, no deja de ser preocupante que cada vez se juegue menos.

los hijos, pero jugar no está en su lista de prioridades, porque desconocen su importancia», aseguró Hanne Rasmussen, responsable de la Fundación Lego. En su informe anual, en 2015, se alertaba de que, pese a sus beneficios, el juego está pasando a un segundo plano en las prioridades de padres y centros educativos. Especialmente, en las edades en las que es más necesario, que son entre los cero y los ocho años. Un tiempo para jugar que los propios niños reclaman: en la primera encuesta sobre bienestar infantil en Barcelona,[68] el 53 % de los preguntados (niños de entre diez y doce años) dijo no estar satisfechos con la cantidad de tiempo libre del que disponen.

Pero la hiperpaternidad ama la precocidad y la tendencia es empujar a los niños hacia la alfabetización y a las actividades extraescolares cada vez más tempranamente. Azuzados por la competición global y del desarrollo económico, que ha metido el miedo a los padres y a los gobiernos, la carrera por tener el hijo más completo y perfecto está sacrificando el tiempo para el juego, una herramienta valiosísima para el aprendizaje.

Así que, por favor, faciliten que sus hijos jueguen más. Si es posible, al aire libre. No desertemos de los parques ni eliminemos esas tardes libres, sin supervisar, donde pasábamos del «nada» al juego, a la creatividad y al uso de la imaginación.

68. *Hablan los niños y niñas: el bienestar subjetivo de la infancia,* Ayuntamiento de Barcelona (noviembre de 2017).

El juego es un regalo para sus hijos. En caso de duda, piensen en su propia infancia y busquen recuerdos agradables de ella. Seguro que más de uno está vinculado a esas horas de juego de la niñez. En casa, en el parque, en la calle o en el veraneo. Con amigos o en solitario. Indios, vaqueros, *polis y cacos,* escondites, pilla-pilla, muñecas, coches, casitas, Legos, comiditas, teatro, profesores, plastilina, fútbol, comba, fango, gomas, chapas, cuatro esquinas, disfraces, carreras… El juego es patrimonio de la infancia. No permitamos que la hiperpaternidad acabe con él.

Agradecimientos |

Gracias a Jordi Nadal y María Alasia, editores de Plataforma, por volver a confiar mí en este nuevo proyecto. A Laura Villarreal y todo el estupendo equipo de la editorial, a Fèlix Badia, del Magazine de *La Vanguardia*, y a los lectores de mi blog www.educa2.info.

Y, por supuesto, a mis imprescindibles fuentes (que detallo por orden de aparición): Madeline Levine, Stella O'Malley, Miguel Espeche, Cristina Gutiérrez Lestón, Silvia Álava Sordo, Rosa Godínez, Gregorio Luri, Eva Bach, Marián Molina, Ana Mayol, Leticia Escario y Luis Feduchi, Emily Harper, Óscar González, Josep Manuel Prats, David Rabadà Vives, María José Bello, Chema Sangrador, Coral Regí, Sandra Vidal, Alberto Royo, Magda Martínez, Belén López Cambronero, Heike Freire, Carlota Iglesias y Sandi Mann.

Su opinión es importante.
Estaremos encantados de recibir sus comentarios en:

www.plataformaeditorial.com/miopinionporunlibro

Introduzca el código **HN23EM18**
y le enviaremos un libro de regalo.

Vaya a su librería de confianza.
Tener un librero de cabecera es tan recomendable
como tener un buen médico de cabecera.

«I cannot live without books.»
«No puedo vivir sin libros.»
THOMAS JEFFERSON

Plataforma Editorial planta un árbol
por cada título publicado.